図解&設例

連結管理会計の導入マニュアル

公認会計士
飯塚幸子 —— 著
IIZUKA, Sachiko

MANAGERIAL
CONSOLIDATION

中央経済社

はじめに

　単体の月次決算や予算管理など，単体管理会計は実施しているものの，連結グループ全体の管理会計が進んでいないという声をよく聞きます。
　本書は「連結管理会計をまずはできるところから始めてみよう」というコンセプトで，次のステップで連結管理会計を実施する流れを説明しています。

（ステップ1）　月次（実績）連結
　各社の月次実績データを収集し，それを積み上げて月次（実績）連結を行います。各社からの報告フォーマットや項目などは，まずは子会社に負担のかからない程度にはじめ，子会社の実態把握や子会社の月次決算の精度を徐々にあげていくことを目的としています。

（ステップ2）　予算連結
　上記月次（実績）連結の結果と比較するために，各社の予算データを積み上げて予算連結を作成します。これにより，各社の予算実績比較を親会社側で実施することができるようになります。また，各社の実績データと予算データを利用して作成した連結結果を比較することで，連結の予実分析を実施することもできます。

　連結決算は連結企業グループに属する各社の財務諸表を合算して作成します。よって，各社が単体で実施している月次実績データや予算データを積み上げることで，連結ベースでの月次実績や予算を作成することができます。
　しかしながら，このような手順は単体決算の延長線上にすぎず，真の連結管理会計とはいえないかもしれません。
　連結管理会計の目的は連結企業グループ全体の業績アップ，業績改善にあります。連結企業グループ全体としての資源配分を最適化し，連結企業グループ全体としての業績アップ，業績改善をしなければ，真の連結管理会計とはいえ

ません。

　真の連結管理会計を目指すのであれば，連結企業グループ全体としての予算を定め，そこから構成単位である各セグメントおよび各社に予算配分をし，それと実績を比較していくというアプローチをとる必要があります。

　しかしながら，連結企業グループに属する各セグメントおよび各社の現状を迅速に把握できていない段階で，最初から理想を高く掲げても，すぐに理想に近づけるのは無理があります。よって，本書のアプローチとしては，まずはできるところから始めてみようというスタンスで，比較的実施しやすい月次（実績）連結からスタートするという流れになっています。

　本書が，これから連結管理会計をはじめようとしている皆様にとって，導入第一歩の一助となれば幸いです。

　　2018年12月

　　　　　　　　　　　　　　　　　　　　　　　　飯塚　幸子

CONTENTS

はじめに

第1章　「管理連結」の基本

1 「連結決算」とは …………………………………………………… 2

(1) 「単体決算」と「連結決算」／2
(2) 「連結決算」の目的／3
(3) 「連結決算」制度の変遷／3

2 「管理連結」とは …………………………………………………… 5

(1) 「財務会計」と「管理会計」／5
(2) 「制度連結」と「管理連結」／7
(3) 「管理連結」の目的／9
(4) 「管理連結」の手続／12

3 制管一致の考え方 …………………………………………………… 14

(1) 制管一致とは／14
(2) 制管不一致型／15

(3)　制管調整型／15
　　　(4)　制管組替型／17
　　　(5)　制管一致型（完全一致）／18

4 「管理連結」の進め方 …………………………………… 19

　(1)　「管理連結」の種類／19
　(2)　「管理連結」の進め方／21

第2章　「管理連結」を実施する際の検討事項

1 連結の範囲の検討 ………………………………………… 26

　(1)　連結の範囲とは／26
　(2)　「管理連結」における連結の範囲の検討／27
　　　①　「制度連結」と同様の範囲とする方法・27
　　　②　「制度連結」における連結子会社のみを含める方法・28
　　　③　非連結子会社も含めたすべての子会社を対象とする方法・28
　　　④　主要な子会社のみを対象とする方法・29

2 サブ連結の検討 …………………………………………… 31

　(1)　サブ連結とは／31
　(2)　「管理連結」におけるサブ連結の検討／33

3 連結財務諸表を作成する単位の検討 …………………… 35

- (1) データ収集単位，連結処理単位，報告単位／35
- (2) データ収集単位，連結処理単位，報告単位の組み合わせパターン／36
  - ① パターン1：データ収集，連結処理ともに単月で実施するパターン・36
  - ② パターン2：データ収集は単月，連結処理は累計で実施するパターン・38
  - ③ パターン3：データ収集，連結処理ともに累計で実施するパターン・39
  - ④ パターン4：データ収集は累計，連結処理は単月で実施するパターン・40
- (3) 「管理連結」における組み合わせパターンの検討／41

4　決算期が異なる子会社の取扱いの検討 …………… 44

- (1) 「制度連結」における決算期が異なる子会社の取扱い／44
- (2) 「管理連結」における決算期が異なる子会社の取扱いの検討／45
  - ① 決算期が異なる子会社の個別財務諸表をそのまま取り込む方法・45
  - ② 決算期が異なる子会社の個別財務諸表を親会社の決算月にあわせて取り込む方法・46

5　連結消去・修正仕訳の検討 ………………………………… 48

- (1) 「管理連結」における連結処理の検討にあたって／48
- (2) 「管理連結」における連結消去・修正仕訳ごとの検討／50
  - ① 個別修正仕訳・50
  - ② 投資と資本の消去・50
  - ③ 非支配株主持分への按分・50
  - ④ のれんの償却仕訳・50

⑤　債権債務の消去仕訳・51
　　　⑥　貸倒引当金の調整仕訳・51
　　　⑦　損益取引の消去仕訳・51
　　　⑧　未実現利益の消去仕訳・51
　　　⑨　連結手続上の税効果仕訳・52
　　　⑩　持分法適用仕訳・52
　　　⑪　開始仕訳・53

6　制管一致に対する方針 …………… 54

(1) 連結管理会計における制管一致の必要性／54
(2) 連結範囲の違いによる影響／54
(3) 取り込む決算期の違いによる影響／55
(4) 連結処理（連結消去・修正仕訳）の違いによる影響／56
(5) 科目体系の違いによる影響／57

第3章　月次(実績)連結の進め方

1　「月次連結」を始めるにあたっての考え方 …………… 60

2　作成する財務諸表の種類の検討 …………… 62

3　子会社の月次決算の整備 …………… 63

4　科目体系・科目粒度の検討 …………… 64

5　連結消去・修正仕訳の検討 …………… 66

(1)　投資と資本の消去／67
　　(2)　当期純利益等の按分／67
　　(3)　配当金の相殺／69
　　(4)　のれんの償却／70
　　(5)　債権債務の消去／70
　　(6)　貸倒引当金の調整／71
　　(7)　損益取引の消去／72
　　(8)　未実現利益の消去／72
　　(9)　連結手続上の税効果／73
　　(10)　持分法適用仕訳／74
　　(11)　個別修正仕訳／74
　　(12)　開始仕訳／75

6　データ収集項目の検討 …………………………………… 76

7　データ収集方法の検討 …………………………………… 77

(1)　簡便的なエクセル収集シートを利用する場合／77
(2)　会計システムから出力したデータをそのまま収集する場合／79
　　①　（ステップ1）　各社の会計システムを調査する・79
　　②　（ステップ2）　内部取引データの利用可否を検討する・79
　　③　（ステップ3）　科目コード対比表，会社コード対比表を作成する・80
　　④　（ステップ4）　データ取込確認・80

8　月次連結財務諸表の作成 ………………………………… 81

(1)　連結会計システムを利用するケース／81

① （ステップ１）　マスタの整備・81
　　　② （ステップ２）　自動仕訳機能の利用設定・81
　　　③ （ステップ３）　各社データの登録・81
　　　④ （ステップ４）　連結消去・修正仕訳の登録・82
　　　⑤ （ステップ５）　月次連結財務諸表の確認・82
　(2) エクセルを利用するケース／82
　　　① （ステップ１）　連結精算表エクセルの準備・82
　　　② （ステップ２）　各社個別財務諸表（試算表）から単純合算表への反映・84
　　　③ （ステップ３）　連結消去・修正仕訳の反映・84
　　　④ （ステップ４）　月次連結損益計算書の確認・85

9　月次連結損益計算書の作成手順例 …………………… 86

　(1) 「月次連結」の実施方針（例）／86
　　　① 作成する財務諸表の範囲・86
　　　② 単体月次決算で取り込む内容・86
　　　③ 科目粒度・86
　　　④ 連結消去・修正仕訳・87
　　　⑤ データ収集項目・87
　　　⑥ データ収集方法・88
　(2) 簡単な数値例での確認／88
　　　① 事前準備・89
　　　② 月次連結損益計算書の作成・91

第4章　予算連結の進め方

1　予算連結の進め方 …………………………………………… 100

2　各社予算の連結 ……………………………………………… 103

(1) 内部取引計画／103
(2) 在庫計画／103

3　科目体系の検討 ……………………………………………… 105

4　連結消去・修正仕訳の検討 ………………………………… 107

5　連結消去・修正仕訳の作成方法 …………………………… 109

(1) 投資と資本の消去／109
(2) のれんの償却／109
(3) 当期純利益等の非支配株主への按分／110
(4) 配当金の相殺／110
(5) 債権債務の消去／111
　① 各社から内部取引消去データを収集する方法・112
　② 各社から債権（または債務）の内部取引消去データを収集する方法・113
　③ 親会社側で内部取引消去データを作成する方法・113
(6) 貸倒引当金の調整／114
　① 各社から貸倒引当金調整額を収集する方法・115
　② 親会社側で貸倒引当金調整額を作成する方法・115
(7) 損益取引の消去／116

① 各社から内部取引消去データを収集する方法・116
　　　② 各社から収益のみ内部取引消去データを収集する方法・117
　　　③ 親会社側で内部取引消去データを作成する方法・117
　(8) 未実現利益の消去／118
　　　① 棚卸資産に含まれる未実現利益の消去・118
　　　② 固定資産に含まれる未実現利益の消去・120
　(9) 税効果の調整／121

6　データ収集項目の検討 ……………………………………… 123

　(1) 単体予算データの収集／123
　(2) 連結消去・修正仕訳に関する予算データの収集／123

7　データ収集フォーマットの検討 ……………………… 125

第5章　見込連結の進め方

1　見込連結とは ……………………………………………………… 128

2　見込連結の作成方法 ………………………………………… 129

　(1) 各社から見込データを収集し，それらを換算・合算・消去して「見込連結」を作成する方法／129
　(2) 各社からすでに収集している予算データ，月次実績データを組み合わせて各社の見込データを作成し，それらを換算・合算・消去して「見込連結」を作成する方法／130
　　　① Ａ社見込データの作成・133

② 連結精算表（上期見込連結）の作成・136

(3) すでに作成済みの「予算連結」「月次連結」を組み合わせて「見込連結」を作成する方法／138

　　① 「予算連結」（9月単月）の作成・140

　　② 「月次連結」（8月累計）の作成・143

　　③ 上期見込連結の作成・145

第6章　その他の論点

1　在外子会社がある場合の「管理連結」……………… 148

(1) 財務諸表の換算に用いる換算レート／148
(2) 決算期が異なる子会社がある場合の検討／154
(3) 会計処理の統一／155

2　連結セグメント情報作成の進め方 ……………… 156

(1) セグメントの考え方／156
(2) セグメント区分の検討／159
(3) セグメント情報作成用データの収集／162
(4) セグメント内取引，セグメント間取引の反映／163
(5) 共通費の配賦／178

3　連結キャッシュ・フロー計算書作成の進め方 ……… 180

(1) キャッシュ・フロー計算書とは／180
(2) 直接法と間接法によるキャッシュ・フロー計算書のしくみ／183

- (3) 連結キャッシュ・フロー計算書の作成方法／188
- (4) 「管理連結」における連結キャッシュ・フロー計算書の作成方法／199
    - ① 原則法か簡便法か・199
    - ② どこまでの情報を必要とするか・202
- (5) キャッシュ・フロー作成用データの収集／203

第7章　連結財務諸表作成の基本

1　連結財務諸表作成に関する基本的ルール …………… 208

- (1) 連結管理会計と連結財務諸表制度／208
- (2) 連結財務諸表とは／208

2　連結財務諸表作成の流れ …………………………… 210

- (1) 個別財務諸表の合算／210
- (2) 連結消去・修正仕訳／210

3　連結精算表 …………………………………………… 212

4　連結消去・修正仕訳 ………………………………… 214

- (1) 投資と資本の消去／214
    - ① 投資と資本の消去とは・214
    - ② 出資設立（100％子会社）の場合・214
    - ③ 出資設立ではない場合・215

④ 100％子会社ではない場合・216
  (2) のれんの償却／217
  (3) 当期純利益およびその他の包括利益の非支配株主持分への按分／218
  (4) 配当金の消去，配当金の振替／222
  (5) 債権債務の消去／224
  (6) 貸倒引当金の調整／225
  (7) 損益取引の消去／228
  (8) 未実現利益の消去／229
  (9) 連結手続上の税効果／232
  (10) 持分法適用仕訳／235

5 開始仕訳 ……………………………………… 238

6 在外子会社の連結 ……………………………………… 244

  (1) 財務諸表の換算／244
  (2) 投資と資本の消去／245
  (3) 非支配株主持分への按分／246
  (4) のれんの償却・換算／249

第1章 「管理連結」の基本

1 「連結決算」とは

(1)「単体決算」と「連結決算」

「管理連結」の基本を学ぶにあたり,まずは用語の確認をしておきましょう。

企業は日々利益獲得を目的として,経営活動を行っています。一定期間の経営活動を通じて,企業がどれだけの儲けを上げたのか,また,一時点でどれだけの財産を持っているのかという状況を,利害関係者に報告するために,損益計算書や貸借対照表といった決算書を作成します。一定期間の経営活動を集計して決算書を作成する一連の手続が「決算」です。

1つの企業の経営活動を集計して行う決算を「単体決算」,**親会社および子会社で構成される企業グループの経営活動を集計して行う決算を「連結決算」**と呼びます。

図表1-1-1　単体決算と連結決算

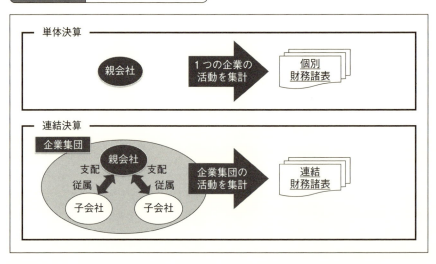

(2) 「連結決算」の目的

　「単体決算」はすべての企業が実施する必要がありますが，「連結決算」は企業グループの最上位の「親会社」が実施すればよく，すべての企業が行わなければならないものではありません。「連結決算」は，企業グループ全体としての業績を把握する目的で実施します。「単体決算」で儲けがあるからといって，「連結決算」でも儲けがあるとは限りません。**企業グループの経営状況がどのような状況なのかを把握するために，「単体決算」とは別に「連結決算」を行います。**

　この企業グループには，「親会社」と「子会社」が含まれます。「親会社」とは，通常，「子会社」の議決権の過半数を保持し，「子会社」の経営に対して支配力を保持している企業であり，「子会社」とは「親会社」に支配されている，すなわち従属している企業のことを指します。「子会社」かどうかの判断は議決権の保有割合だけではなく，実質的に意思決定機関を支配しているかどうかという「支配力基準」に基づき決定します。意思を同じくして経営活動を行っている企業グループの業績は，個々の企業の決算書だけでは把握できません。意思を同じくする複数の企業で構成される企業グループとしての業績を把握するために，当該企業グループの最上位に位置する「親会社」が，企業グループに属する各社の財務諸表を集計して決算書（連結財務諸表）を作成する手続が「連結決算」なのです。

(3) 「連結決算」制度の変遷

　日本における連結財務諸表の作成に関する制度は，昭和50年6月に企業会計審議会が公表した「連結財務諸表の制度化に関する意見書」に基づき，昭和52年4月以後開始する事業年度から導入されました。その頃はまだグループ経営を行っている会社も少なく，日本企業においては単体決算重視の制度設計となっていました。

その後，日本企業の多角化やグローバル化が進むにつれ，企業としては，単体経営ではなくグループ経営を重視する傾向となり，また，投資家側からも「単体決算」ではなく「連結決算」に対する情報開示のニーズが高まっていきました。このような環境の変化に伴って，当初は有価証券報告書の添付書類であった連結財務諸表は有価証券報告書本体に個別財務諸表より前に組み込まれ，さらに，四半期報告書においてはグループ経営を行っている会社は連結のみの情報でよいというように，今では「単体決算」よりも「連結決算」重視の制度開示へと移り変わってきています。また，連結財務諸表作成に関する会計基準については，**当初は日本独自の考え方に基づいて作成されていたものが，徐々に国際的な基準の考え方に近づく形で変遷しています。**

図表1-1-2　日本の連結に関する会計基準等の変遷

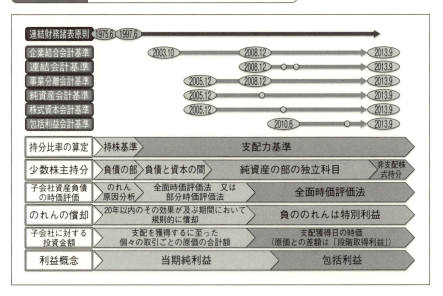

2 「管理連結」とは

(1) 「財務会計」と「管理会計」

　企業は日々の経営活動の結果を数値化して集計・報告するために,「会計情報」, すなわち決算書を作成します。「企業会計」とは,「簿記」という手法を用いて企業の日々の取引を記録し, 一定期間で区切って集計して「会計情報」を作成し, 報告していく手続です。

図表1-2-1　企業会計

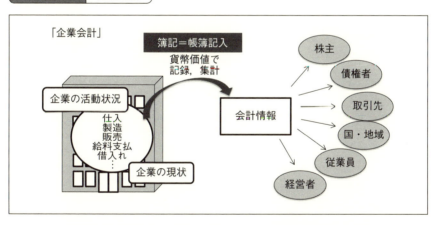

　企業は利益獲得を目的として経営活動を行っており, その活動を行ううえで, 企業にはさまざまな利害関係者が存在します。利害関係者とは, 企業が獲得する利益（儲け）の増減によって, 自らの利益（儲け）にも影響が及ぶ個人や組織のことを指します。具体的には株主, 債権者, 経営者などです。これらの利害関係者に向けて, **現在の企業の経営状況がどのような状態かがわかるように, 活動状況を数値化し報告していく作業が「企業会計」**なのです。

この「企業会計」は誰のために行う会計なのかによって2種類に分類されます。

図表1-2-2　財務会計と管理会計の違い

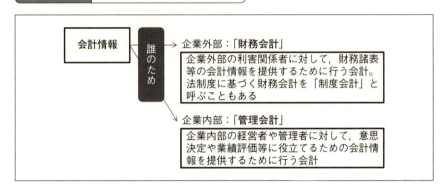

　企業の外部者に向けて実施する「企業会計」のことを「財務会計」，企業の内部者に向けて実施する「企業会計」のことを「管理会計」といいます。「管理会計」の明確な定義があるわけではなく，「財務会計」以外の分野を「管理会計」と呼んでいます。
　株主や投資家，取引先や国・地域など，企業を取り巻く外部の利害関係者に向けて，企業が現時点でどのような財産をどれだけ持っているのか，どの程度の儲けが出ているのかなどの情報を，決められたルールに則って報告するための「企業会計」が「財務会計」です。「財務会計」は法制度に基づく会計であるため，「制度会計」とも呼ばれます。「財務会計」（制度会計）は，企業を取り巻く多くの利害関係者を保護する目的でルール（法制度）が決まっており，そのルールに従って実施します。
　一方，「管理会計」は企業内部の経営者に向けて，企業の経営状況を報告するために実施する「企業会計」です。経営者が企業経営に関する意思決定を行うためには，企業の現在の経営状況をタイムリーに把握し，迅速かつ正確に意思決定を行っていく必要があります。企業の現在の経営状況はどのような状況

なのか，計画とどれだけ差が生じているのか，その差の原因はどこにあるのかなど，**経営者が経営の意思決定を行ううえで必要となる情報を提供することが「管理会計」の役割**です。

「管理会計」には「財務会計」（制度会計）のような処理に関するルールはありませんし，報告すべき情報や形式のルールが決まっているわけでもありません。企業の経営者が経営の意思決定を行うためにはどのような情報が必要か，また，その情報を作成するにはどのようなルールとすればよいか，その情報を迅速に作成するにはどういう手続にすればできるか，さらに，経営者にどのような報告形式で報告すれば経営者が意思決定しやすいかなど，自社にとっての処理ルールや報告形式を検討しなければなりません。

よって，「管理会計」を行うためには，まずは自社で何を目的として「管理会計」を実施するのかを明確にし，そのためにはどのような情報が必要か，その情報を作るためにはどういう手順で作る必要があるのかを検討していく必要があります。

(2) 「制度連結」と「管理連結」

法令等の基準やルールによって定められた規定に基づいて連結財務諸表を作成する手続を「制度連結」，それ以外の会社独自のルールに基づいて連結財務諸表を作成する手続を「管理連結」と呼びます。

「管理連結」は，「親会社」と「子会社」で構成される企業グループの業績を把握し企業グループ全体の業績を向上させることを目指して実施する「管理会計」のことです。グループ経営管理やグローバル連結管理などという用語を耳にすることもあると思いますが，まさに「管理連結」は1社だけの「管理会計」ではなく，グループ全体を対象として実施する「管理会計」です。

「管理連結」は，連結グループの経営陣が，連結グループ全体の業績評価や業績向上のための意思決定に必要な情報を提供することを目的として実施するものです。

よって,「管理連結」のしくみを構築するためには,まずは自社で「管理連結」を行ううえでの目的を明確にし,連結グループ全体としての意思決定をするうえで,どのような情報が必要か,どのような単位で分解が必要か,どのような頻度で実施する必要があるのか,どのような形式での報告が必要かなど,目的とそれに対する方法を具体的に検討する必要があります。

　「制度連結」と違い,「管理連結」は各社各様であり,決まったルールがあるわけではありません。上述のとおり,「制度連結」はルールが決まっているため,参照すべき会計基準等は多々あり,「制度連結」担当者の方々は該当する会計基準等に記載されたルールに沿って連結財務諸表を作成し開示しなくてはなりません。一方で,「管理連結」は社内の経営者に向けて,経営者の意思決定に資する情報を提供するために実施するものであるため,すべての会社に共通するルールがあるわけではなく,**企業ごとに自社の意思決定において必要だと判断される内容や処理方法などを自社ルールとして定め実施することができます。**

　ただ,自社で自由にルールなどを決められるものだからといって,「制度連結」とまったく異なるルールで実施した場合には,社外に公表している数字と社内で利用している数字に不明な乖離が生じることとなり,「管理連結」の数字の信頼性が下がってしまうおそれがあります。よって,「管理連結」を実施する場合には,「管理連結」の目的から考え,「制度連結」との調整をどのように行うかをあらかじめ決定したうえで,「管理連結」上の処理や開示(報告)のルールを決定していく必要があるのです。

　「管理連結」には決まったものがないからこそ,自社はどうしたいのかという意思が非常に重要となります。決まったものがないからこそ,答えもなく間違いも発見することもできません。そもそも答えがないのですから,間違いという定義自体が存在しないともいえます。ただ,「管理連結」の数字が会社の実態を表していないような場合には,「管理連結」の数値に基づいて誤った意思決定を行ってしまい,結果として会社の将来に不利益となるような影響を及ぼすおそれがあります。「管理連結」は将来の企業発展を目的とした意思決定を行うために実施しているものであるため,一番のリスクは「企業の将来の活

動に対する意思決定を誤ってしまうこと」なのです。「意思決定を誤ってしまったかどうか」は，すぐに発見は難しいですし，時間が経ったとしても「この数字のせいで意思決定が誤ってしまった」と断言することも難しいと思います。何が正しいかの答えがあるわけではないからこそ，「企業にとって重要な要素は何か」「企業として何を分析したいか」「どのような情報があれば意思決定することができるのか」など，**経営者の視点で経営者とともに考え，企業ごとのルールを策定し，そのルールに則ってタイムリーに「管理連結」を進めていく必要がある**のです。

本書は，「管理連結」をこれから実施しようとしている企業の担当者または経営者の方々に向けて，「管理連結」を実際に進める際の注意点や検討ポイントなどをまとめたものとなっています。

【管理連結で求められること】
- ✓ 連結グループ経営の意思決定に資する情報であること
- ✓ 迅速な意思決定を行ううえで，タイムリーな情報であること

---

(3) 「管理連結」の目的

「管理連結」の最終的な目的は，連結グループとしての業績を向上させることにあります。

そのためには，まず現状を正確に把握し，問題や課題が何で，どこに原因があるかを特定し，その問題や課題に向けて何をどのように改善すればよいかを計画（PLAN）し，その計画に基づいて実行（DO）し，その実行結果を分析して評価（CHECK）し，さらなる課題・問題を発見して改善計画につなげていく（ACT）という，いわゆる「PDCAサイクル」を継続して実施する必要があります。

図表1-2-3　PDCAサイクル

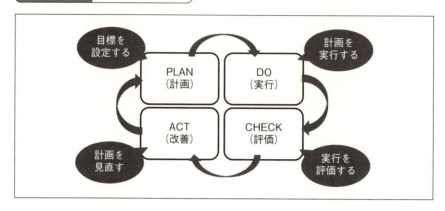

　連結グループの業績を向上させるためには，まず，連結グループの現状を把握する必要があります。具体的には，連結グループに所属する各社の会計情報をタイムリーに集計して連結財務諸表を作成し，連結グループの現状を把握します。現状の把握ができたら，どこに課題・問題があるかを特定する必要があります。

　連結財務諸表は1つの会社の状況を示したものではなく，連結グループ全体の状況を示したものです。よって，連結グループの課題・問題はそこに属するセグメント，会社に分解することができます。連結グループの業績を向上させるためには，現状の課題や問題の発生原因となっているセグメントや会社を把握し，その改善計画を立てる必要があります。

　改善計画を立てる方法は，問題となっているセグメントや会社単位で考えて積み上げる方法（ボトムアップ）と，経営側で設定した改善目標を該当するセグメントや会社に落としていく方法（トップダウン）の2つの方法があります。どちらの方法を採用するかは，連結グループの成り立ちやステージによってやりやすい方法を選択すればよく，どちらが正しいというものではありません。重要なことは，改善計画に対して実行した結果を評価し，見直しや改善を行っていくというサイクルを繰り返し行うことです。**計画に対して実績がどうだっ**

たのかを評価し，さらなる改善計画につなげていくという活動を，継続して実施できるしくみを作ることが大切です。このしくみを繰り返し行っていくことで，最終的には連結グループ全体の業績向上につながります。

図表1-2-4 業績向上のためのステップ

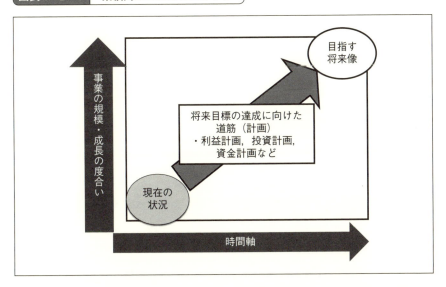

連結グループの業績を向上させるための手段は，答えがあるわけではありません。まずは，現状を把握して原因を特定することから始めることが必要です。

例えば，現在の連結グループにおいて利益が上がっていない，利益率が低いのはどのセグメント・どの会社なのか。利益が上がっていない，利益率が低いのはもともとの計画の問題なのか，実績が計画に満たなかったせいなのか。何に問題があって計画に到達しなかったのか。どうすれば，改善するのか。

いわゆる「PDCAサイクル」を連結単位，セグメント単位，会社単位にブレイクダウンして繰り返し実施することで，最終的には連結グループ全体の業績向上を図ることができるのです。

(4) 「管理連結」の手続

　「管理連結」を実施する最終的な目的は，連結グループ全体の業績を向上させることにあります。これをさらに詳細に分けてみると，「管理連結」の目的は以下のように分類できます。「管理連結」は，これらのうち1つまたは複数を目的として実施します。

---

① 連結会社またはセグメント単位での予算実績管理（進捗管理）
② 連結会社またはセグメント単位での業績評価
③ 連結グループ全体の予算実績管理（進捗管理）
④ 連結グループ全体の予測値作成
⑤ 連結グループ全体の資産配分・意思決定

---

　①は，連結グループに属する単体またはセグメント単位での管理会計です。連結として取りまとめる意味は，連結グループ全体の業績向上のためには，そこに属している細かい単位，すなわち1企業や1セグメント単位での業績向上が必要であるため，親会社で各社の予算をとりまとめ，その進捗管理を行います。

　②も①と同様に，単体の管理会計の延長戦上に位置するものです。連結グループに属する企業の責任者やセグメントの責任者の業績評価を行う目的で，親会社で各社や各セグメントの金額を取りまとめて「管理連結」を実施します。この場合には，内部取引消去などの連結消去・修正仕訳のうち，業績評価に関連するものだけを取り入れたり，科目体系については業績評価を目的として管理可能と管理不能に分けたり，などの作業が必要となります。

　「管理連結」において，①または②だけを目的とするならば，連結固有の手続はあまり必要ではなく，内部取引消去などの連結消去・修正仕訳は一切取り込まなくてもよいかもしれません。この場合は，「管理会計」で連結財務諸表まで作成する必要はなく，各社数値の合算まで作成すれば，当初目的は達成可

能です。「管理連結」を各社単体の管理会計の延長線と位置づけるのであれば，各社の管理会計データをどのような形式で収集するか，「管理連結」上では各社の科目をどのような単位で集約または分解して分析するかについて検討する必要があります。また，単体で月次決算が定着していない会社に対しての指導も必要となります。

　一方，③～⑤は連結ベースでの管理会計であるため，これらを目的とするならば，内部取引消去などの連結消去・修正仕訳をどのように「管理連結」に反映させるかを検討する必要があります。「制度連結」と同レベルで連結消去・修正仕訳を実施するとなると，「制度連結」と「管理連結」での比較はしやすくなるものの，「管理連結」を実施する負担が大きくなってしまいます。逆に省略しすぎてしまうと，「制度連結」との乖離が生じ，「管理連結」と「制度連結」で作成された連結財務諸表数値がかけ離れたものとなってしまうおそれがあります。「管理連結」の目的を達成するためのちょうどよい**落としどころ**を検討する必要があるのです。

　このように一言で「管理連結」といっても，目的や各社の状況はさまざまです。**「管理連結」の目的に照らし合わせて，どのような手続で「管理連結」を実施するかを検討してください。**

3 制管一致の考え方

(1) 制管一致とは

「制度会計」と「管理会計」を考える場合、議論の1つとして、「制管一致をどう捉えるか」という論点があります。

「制管一致」とは「制度会計の数値と管理会計の数値は一致させるべき」という考え方です。確かに、制度会計、管理会計という会計分野の違いはあっても、事実は1つなのですから、両者は一致するはずです。この「一致」という言葉が完全一致なのか、部分一致なのか、組替一致なのかによって、「制管一致」の捉え方は変わってきます。「管理連結」のルールを考えるにあたり、そもそもの「制管一致」の「一致」の部分をどう捉えるかによって、そのルールの設定内容が変わってきます。

「制管一致」の捉え方のタイプとしては、以下の4タイプに分けることができます。

図表1-3-1　制管一致のタイプ

タイプ1	制管不一致型	
タイプ2	制管一致型	制管調整型
タイプ3		制管組替型
タイプ4		制管一致型（完全一致）

(2) 制管不一致型

　制度と管理の金額は元データも作成方法も異なるので，そもそも一致しないという考え方に基づくタイプです。例えば，会計処理方法も科目体系も何もかも制度と管理で異なっており，また，作成のタイミングも異なっているため，そもそも一致するわけがないという前提があります。

　ただ，本当に一致しないのかというと，そういうわけではなく，「どこが違うのか」を調査していないだけであり，差異の原因を調査すれば，次の(3)で述べる「制管調整型」となります。

　調査という行為をするかしないかで作成側の負担は大きく異なるため，「制管不一致型」の場合は，調査もせず，「差異がある」ということだけ認識しているケースも多いようです。

「管理連結」における「制管不一致型」の例：
- 制度と管理で連結の範囲（連結財務諸表に含める会社の範囲）が異なる場合
- 制度と管理で連結財務諸表に含める会社の決算期が異なる場合
- 制度と管理で換算レートが異なる場合
- 制度と管理で連結処理ルールが異なる場合

※いずれも差異の原因と金額を明らかにしない場合

---

(3) 制管調整型

　制度と管理のデータは数値の作成タイミング等は異なるものの，数値作成の根拠となるデータは各社の会計データであることから，その差異を内容別に調査して説明するタイプが「制管調整型」です。

図表1-3-2　制管調整型の比較表イメージ

勘定科目	制度連結	管理連結	差異	
売上高	1,000	1,000	0	
売上原価	650	600	50	※1
売上総利益	350	400	−50	※1
販売費及び一般管理費	312	300	12	※2
営業利益	38	100	−62	※1, 2
営業外収益	50	50	0	
営業外費用	30	30	0	
経常利益	58	120	−62	※1, 2

（差異原因）
※1　管理会計上は未実現利益の消去は省略しているため
※2　管理会計上はのれん償却を概算値で行っているため

「制管調整型」の場合には，差異はあるもののその差異の原因が何かを確認したうえでその原因を説明する必要があります。よくあるケースでは，例えば「制度連結」で実施している連結処理のうち，「管理連結」では省略している処理がある場合など，その省略した仕訳の分が差異となるため，これらの影響額を別途計算して報告するようなケースです。「制度連結」と「管理連結」では担当部署や担当者が異なるため，それぞれ別々に数値を作成しており，従来は差異があってもその原因追及はしていなかったという会社が，今後は差異原因を明らかにしたいという場合など，「制管不一致型」から「制管調整型」に移行することが多いようです。

「管理連結」における「制管調整型」の例：
・データ収集タイミングの違いによって各社のデータが異なる場合（影響額を明らかにする場合）
・制度と管理で換算レートが異なる場合（影響額を明らかにする場合）
・制度と管理で連結処理ルールが異なる場合（影響額を明らかにする場合）

(4) 制管組替型

「制管組替型」は，連結財務諸表を作成するうえでの元データや会計処理等には差は生じておらず，単にレポート上の組替が異なることによって，段階利益等に差が生じているタイプです。

例えば，「管理連結」の事業部別営業利益金額に基づいて各事業部長の業績評価を行っているような場合，その事業部が負担すべき費用が管理可能か管理不能かを区別して評価する必要があります。このため，「制度連結」で作成した数値そのままではなく，販売費及び一般管理費に含まれている管理不能費用は「管理会計」上の営業利益の計算には含めず，共通費として別項目に組み替えるといった工夫が一般に行われています。そのような科目の属性に基づいて組替を行うタイプが，この「制管組替型」となります。

図表1-3-3　制管組替型の比較表イメージ

勘定科目	制度連結	管理連結	差異	
売上高	1,000	1,000	0	
売上原価	600	600	0	
売上総利益	400	400	0	
販売費及び一般管理費	300	250	50	※
営業利益（管理可能利益）	100	150	－50	
営業外収益	50	50	0	
営業外費用	30	30	0	
全社費用		50	－50	※
経常利益	120	120	0	

（差異原因）
※販売費及び一般管理費のうち，一部は管理不能費用であるため，管理会計上の営業利益の算定上は控除している

(5) 制管一致型（完全一致）

「制管一致型」は，「制度連結」と「管理連結」の数値にまったく差異がなく，組替も行わず，完全に一致しているタイプです。

「制管一致」という言葉を聞くと，「制度と管理の数値は必ず一致させなければならない」と思っている方も多く，「制管一致」＝「制管一致型（完全一致）」と認識されている場合もあるようです。完全一致の場合は，同一部署で「制度連結」と「管理連結」を実施しているケースが多く，また，制度月（決算月および四半期決算月）は「制度連結」のみを実施して，制度月以外は「管理連結」のみを実施しています。このタイプにおいては，もはや「制度連結」と「管理連結」という区別すら存在しません。

4 「管理連結」の進め方

(1) 「管理連結」の種類

「制度連結」のルールは法令等で決まっているため，その実施サイクルも決まっています。「制度連結」においては，四半期，半期・年次ごとに連結決算を実施し，決められた報告形式で開示する必要があります。

一方，「管理連結」の場合は，決まったルールがないわけですから，**実施サイクルも各社で決定することができます**。「管理連結」の目的に照らし合わせて，どのようなサイクルで実施するかを決定します。

タイムリーに連結業績の把握を行って，迅速な意思決定に役立てることを目的とするのであれば，通常は月次単位で「管理連結」を実施します（これを「月次連結」と呼ぶことにします）。また，連結ベースで予算を立てたうえで，「月次連結」との比較分析を行いたいということであれば，連結ベースでの予算策定も必要となります（これを「予算連結」と呼ぶことにします）。さらに，今年度の見通しを連結ベースで作成したいのであれば，各社の年度見込みの数値を作成して，これをもとに連結財務諸表を作成します（これを「見込連結」と呼ぶことにします）。このように，内容ごとに「管理連結」の種類を分解すると，【図表1-4-1】のようになります。

図表1-4-1　「管理連結」の種類

	実施単位	実施時期
月次連結	月次	毎月の月初
予算連結	月次（四半期，年次）	新年度が始まる前
見込連結	四半期，上期，下期，通期	上期，下期が終わる前

　「月次連結」は各社の月次実績のデータに基づいて，それらを換算・合算して作成します。**月次を「単月次」とするか「累計月次」とするかは，これももちろん会社の自由**です。後述の第3章「月次（実績）連結の進め方」を参考にして，自社の「月次連結」のしくみを構築してください。

　「予算連結」は，新年度が始まる前に翌年度1年間の予算（計画）を各社に提出してもらい，これに基づいて連結決算を行って作成します。予算策定のタイミングの違いによって，「当初予算連結」「見直予算連結」など，いくつかの「予算連結」の種類が存在する場合もあります。「予算連結」を実施することで，「月次連結」との比較分析を行うことができ，期の途中で計画の見直しにも役立てることができます。

　「見込連結」は当年度の落ち着き見込や業績予想を連結ベースで作成する際に実施します。各社から当年度の見込データを収集して連結するケースもあれば，経過月の実績数値に未経過月の予算数値を合算して見込数値を作成するケースもあります。

　「月次連結」「予算連結」（当初予算，見直予算），「見込連結」を実施する場合の年間スケジュールは【図表1-4-2】のようになります。

| 図表1-4-2 | 年間スケジュール |

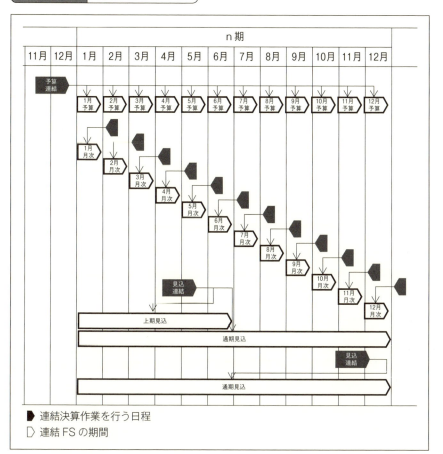

(2) 「管理連結」の進め方

　連結グループの業績改善・業績向上を目的として「管理連結」を実施する場合，まず計画（「予算連結」）を作成し，その後，実行した結果を集計し（「月次連結」），計画と実績の差異分析を行って，今後の改善活動につなげていくと

いう流れになります。

> 図表1-4-3　理想的な「管理連結」の進め方
>
> P（計画）：「予算連結」を実施して翌年度における連結ベースの計画値を作成
> D（実行）：「月次連結」を実施して連結ベースの実績値を集計
> C（チェック）：「予算連結」と「月次連結」を比較して差異分析を実施
> A（アクション）：上記差異分析の結果を受けて，計画値または行動を見直し

　しかしながら，「管理連結」は親会社だけの話ではなく，連結範囲に含まれる子会社からもデータを集めないと実施できないため，親会社単体で実施している管理会計の延長線で進めることが難しい場合があります。なぜなら，子会社は親会社とは業種や規模が異なっており，子会社の体制によっては，親会社と同一のレベルで単体管理会計を実施することができていない場合があったり，使用する個別会計システムや科目体系が統一されておらず，そのままでは複数の会社を横並びにして評価したりすることができない場合があるからです。

　よって，これから新たに「管理連結」のしくみを構築する場合には，上述の理想的な進め方で構築していくのではなく，**まずは実績値を集計する「月次連結」から始め，徐々にルールが統一できてきてから「予算連結」を進めていくという順番で実施するのがよいでしょう**。詳細は後述しますが，「予算連結」を実施する際には，単体の予算のときには生じなかった論点（内部取引や未実現）を加味する必要があり，あらかじめこれらのルールを決めて子会社にアナウンスしなくてはなりません。「月次連結」が整備できていないままに「予算連結」を行っても，比較分析ができず，結局はやりっぱなしとなってしまい，その後のチェックやアクションにつながらない可能性があります。そこで，まずは「月次連結」を実施することにより，月次で連結グループの業績を把握し，実績の把握がタイムリーにできるようになってから，連結グループとしての計画策定（「予算連結」）を行っていくという流れのほうが進めやすいと思われます。さらには「予算連結」のしくみが構築できてから「見込連結」を実施して，

今年度の連結ベースの落ち着き見込などを作成できるしくみを構築していく進め方が，結果としてはしくみ構築の早道になるのではないかと思います。

　本書は，これから「管理連結」を始める方々やすでに「管理連結」を実施しているが，しくみを見直したいと考えている方々に向けた内容となっています。よって，この後の説明は，まずは「月次連結」を実施し，その後，「予算連結」のしくみを構築するという流れで，説明を進めていきます。

「管理連結」の種類	本書による説明箇所
月次連結	第3章
予算連結	第4章
見込連結	第5章

【連結管理会計の進め方】
- ✓ 連結グループ全体の実態をタイムリーに把握する（月次実績連結）
- ✓ 月次実績連結の結果を分析し，現状の課題を認識する
- ✓ 課題改善に向け，連結予算を作成する（予算連結）
- ✓ 連結予実比較を行う

第2章 「管理連結」を実施する際の検討事項

1　連結の範囲の検討

(1) 連結の範囲とは

　これから「管理連結」を始めるにあたり，まずは連結グループ内のどの会社のデータを収集して管理していくのかを検討する必要があります。連結財務諸表に含める会社の範囲のことを「連結の範囲」といいます。

　子会社か否かは，当該会社の意思決定機関を支配しているか否かで決定します。通常，議決権の過半数を保有している場合には，保有している会社が親会社，保有されている会社が子会社となります。

　「制度連結」においては，原則として，すべての子会社を連結財務諸表に含める必要があります。よって，重要性が乏しいなどの特別な場合を除き，子会社と判定された会社の個別財務諸表は，連結財務諸表を作成する際に合算します。

　また，非連結子会社や関連会社がある場合には，原則として持分法を適用する必要があります。

図表2-1-1 連結の範囲

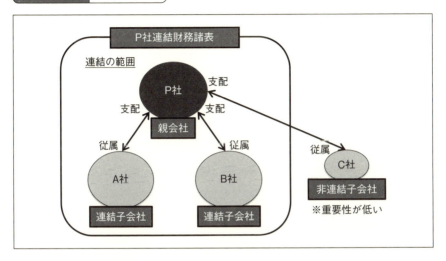

　それでは,「管理連結」はどうでしょう。「管理連結」には「制度連結」のような処理に関するルールはありません。「管理連結」では,それを実施する会社が経営の意思決定に資する情報として何が必要かを考え,そのためのルールを設定することができます。よって,連結の範囲についても必ずしもすべての子会社を連結の範囲に含める必要はなく,**「管理連結」の目的に照らし合わせたうえで,どの会社を連結の範囲とするのかを決定することができます。**

　それでは,連結の範囲の考え方として,どのような方法があるかを見ておきましょう。

(2) 「管理連結」における連結の範囲の検討

① 「制度連結」と同様の範囲とする方法

　制度連結上で連結子会社としている会社および持分法適用している会社について,管理会計上も同様の扱いとする方法です。

　「制管組替型」または「制管一致型(完全一致)」を目指すのであれば,連結

の範囲は「制度連結」と同様の範囲である必要があります。

また,「制管調整型」の場合においてこの方法を採用した場合には,「制度連結」と「管理連結」の連結結果を比較する際,連結の範囲が同じですので,それによる差異が生じずに差異分析がしやすいというメリットがあります。一方,連結子会社が多い場合には,管理対象となる子会社が多いため,「管理連結」に手間と時間がかかるというデメリットがあります。

② 「制度連結」における連結子会社のみを含める方法

「制度連結」における持分法適用会社は含まず,連結子会社のみを含めて「管理連結」を実施するという方法です。親会社は,子会社に対しては支配力があるため,業績把握や業績改善の局面で強制力はあるものの,持分法適用会社についてはそこまでの強制力がありません。「管理連結」の対象会社とした場合には,その都度,予算や実績のデータを収集する必要がありますが,持分法適用会社は,支配しているわけではないので,なかなか親会社の管理が行き届かないこともあります。また,管理対象とする利益を「営業利益」と設定した場合には,持分法による投資損益は営業外損益であるため,管理対象とはなりません。このように,何をどこまで連結で管理するかという方針に基づいて,持分法は含めないという判断もあります。

「制度連結」と「管理連結」で連結範囲が異なるため,「制管組替型」または「制管一致型(完全一致)」を目指すのであれば,この方法は採用できません。

「制管不一致型」,「制管調整型」の場合には採用可能な方法です。

③ 非連結子会社も含めたすべての子会社を対象とする方法

「制度連結」上の連結範囲を超えた範囲で「管理連結」を実施するという方法です。「制度連結」上は,重要性が低いなどの理由で連結に含めない子会社がある場合もあります(非連結子会社と呼びます)。非連結子会社であっても,子会社には変わりありませんので,当該会社も管理対象としたい場合には,非連結子会社も含めた子会社全部を連結の範囲として「管理連結」を実施します。

この方法も「制度連結」と「管理連結」で連結の範囲が異なるため,「制管組替型」または「制管一致型（完全一致）」を目指すのであれば,この方法は採用できず,「制管不一致型」,「制管調整型」の場合には採用可能な方法です。

「制管調整型」を採用した場合には,「制度連結」と「管理連結」の連結の範囲の違いによって差異が生じます。よって,「制度連結」と「管理連結」の比較分析を行う場合には,その分の調整が必要となります。

④ 主要な子会社のみを対象とする方法

③とは反対に,制度連結上の連結子会社のうち,重要な連結子会社のみを「管理連結」上の連結の範囲とする方法もあります。

例えば,国内子会社のみを対象として,「管理連結」を実施したり,主要な数社のみを対象として連結したりするというケースがこれに該当します。

また,これから月次の「管理連結」を始めようとする場合,子会社側で月次決算のしくみができていないケースもあります。すべての子会社の月次決算のしくみが整ってから「管理連結」を始めるとなると,「管理連結」のしくみ構築が遅れてしまうおそれがあります。

そのような場合には,「管理連結」上の連結の範囲は月次決算のしくみが整っている子会社のみを対象として実施し,それ以外の子会社は含めないという方法もあります。

もちろん,重要な子会社であれば,当該子会社の月次決算のしくみを整えたうえで「管理連結」に含める必要があります。その場合は,「管理連結」の実施と当該子会社の月次決算のしくみ作りを同時に並行して行い,徐々に精度を上げていくようなやり方で進めるのがよいでしょう。

③と同様に,この方法を採用した場合には「制度連結」と「管理連結」で連結範囲に含まれなかった会社の影響が差異として生じます。「制管調整型」の場合は,この差異を把握して調整する必要があります。

図表 2-1-2　連結の範囲と制管一致のタイプ

	制管不一致型	制管調整型	制管組替型	制管一致型
連結子会社，持分法適用会社ともに，制度連結と同様の連結の範囲とする	○	○	○	○
持分法適用会社は含めず，連結子会社は制度連結と同様の連結の範囲とする	○	○	×	×
非連結子会社も含めたすべての子会社を連結の範囲とする	○	○	×	×
主要な子会社のみを連結対象とする	○	○	×	×

【管理連結を実施する際に連結範囲をどうするか】
- ✓ 制管一致をどう捉えるか
- ✓ 「制度連結」と同一の範囲とするか否か
- ✓ 「制度連結」と同一の範囲としない場合には何を含めて何を含めないのか

2 サブ連結の検討

(1) サブ連結とは

　サブ連結とは，連結グループに子会社の子会社，すなわち孫会社が存在する場合に，まず，子会社側で孫会社を連結した連結財務諸表を作成し，親会社は当該連結財務諸表を合算してグループ全体の連結財務諸表を作成する方法のことをいいます。

図表 2-2-1　サブ連結のイメージ

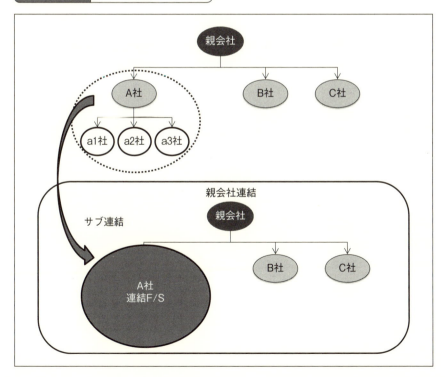

これに対し、子会社側では連結財務諸表は作成せず、子会社も孫会社もすべて単体の個別財務諸表を合算して連結する方法のことを、フラット連結と呼びます。

図表2-2-2　フラット連結のイメージ

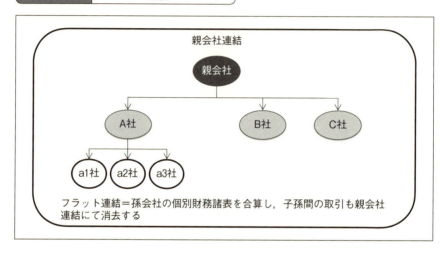

サブ連結を実施した場合は、親会社で実施する連結上は、子会社と孫会社の取引はすでに消去されているため、**子会社と孫会社間の取引は親会社側では把握しなくて済むというメリット**があります。一方、サブ連結を実施した後の結果（子会社の連結財務諸表）が親会社に報告されるため、決算が遅くなってしまうというデメリットがあります。また、サブ連結を実施してしまうと、親会社側には子会社の連結財務諸表の情報しかないため、**子会社グループの業績を細かい単位で分析できないというデメリット**もあります。

図表2-2-3　サブ連結とフラット連結のメリット・デメリット

項目	サブ連結	フラット連結
子孫間の内部取引消去（資本連結も含む）	＜メリット＞ 子孫間の内部取引消去仕訳は親会社連結では不要となる	＜デメリット＞ 子孫間の内部取引消去仕訳を親会社連結で実施する必要がある
合算する財務諸表の数	＜メリット＞ サブ連結を実施することで，実質的に合算する財務諸表の数が減少し，すべての連結子会社（孫会社も含む）を合算するよりも手間を省くことができる	＜デメリット＞ すべての連結子会社（孫会社も含む）の個別財務諸表を合算するため，サブ連結を実施したときよりも単純に合算・管理すべき個別財務諸表の数が多くなる
決算早期化	＜デメリット＞ 子会社側で連結してから報告するため，他の単体決算会社よりもデータ提出が遅れる可能性がある（決算期が異なる場合には決算期ズレでその遅れを吸収することが可能）	＜メリット＞ サブ連結親会社も子会社も他の連結子会社と同じタイミングでのデータ提出が可能となる
データ分析	＜デメリット＞ 子会社グループとしての連結財務諸表を親会社連結で合算するため，最小単位が子会社連結財務諸表となってしまい，さらに細かい単位（事業別，会社別）での分析が難しい	＜メリット＞ すべての連結子会社（孫会社も含む）の個別財務諸表を合算するため，細かい単位での分析が可能となる

(2) 「管理連結」におけるサブ連結の検討

「管理連結」を実施する場合，サブ連結の取扱いをどうするかをあらかじめ検討しておく必要があります。

「制度連結」においてサブ連結を実施している会社であっても，月次実績連結においてもサブ連結を求めることとなってしまうと，サブ連結親会社である

連結子会社の負担が大きくなってしまいます。よって，制度連結はサブ連結を実施するものの，管理連結（月次実績連結）ではサブ連結は実施しないという方法も考えられます。

　連結グループでの「管理連結」を考えた場合に，サブ連結として取り込むことがよいのか，フラット連結として孫会社の業績も把握できるようにしたいのか，また子会社側の負担なども考慮に入れて，どちらの方法で「管理連結」を実施するかを決定します。

　なお，**サブ連結かフラット連結かによって結果の連結財務諸表の数値は理論上は差異は生じません**。よって，「制管不一致型」「制管調整型」「制管組替型」「制管一致型（完全一致）」のどの型を採用した場合でもどちらの方法も採用可能です。

【管理連結を実施する際にサブ連結をどうするか】
- ✓ 孫会社が存在するか否か
- ✓ 孫会社が存在する場合に，サブ連結を実施するか否か

3 連結財務諸表を作成する単位の検討

(1) データ収集単位，連結処理単位，報告単位

　「管理連結」を行う場合，連結財務諸表を作成する単位をどうするかを検討する必要があります。この論点は，連結決算に限らず単体決算でも同様の課題なのですが，特に「管理連結」の場合，親会社だけでなく子会社にも関わる内容なので，連結グループとしてどういう単位で連結財務諸表を作成し，どのような情報をどういうタイミングで子会社から収集するかをあらかじめ決めなくてはなりません。

　迅速な意思決定に役に立つタイムリーな情報を提供することを「管理連結」の目的とした場合，「管理連結」の実施頻度はできるだけ短くするほうが望ましく，通常，月次単位で実施します。

　さらに，「管理連結」の場合，検討すべき単位としては，各社からデータを収集する単位と，連結処理を実施する単位，そして経営者への報告用レポートの単位の3つの単位を検討しなくてはなりません。つまり，親会社および子会社からどのような単位でデータを集めるか（データ収集単位），集めたデータを用いてどのような単位で，換算や内部取引消去などの連結消去・修正仕訳を行うか（連結処理単位），連結処理の結果作成した連結財務諸表の数値を，どのような単位で経営者に報告するか（報告単位）を決めておく必要があるのです。

　また，月次で「管理連結」を実施する場合，データ収集単位，連結処理単位，報告単位のそれぞれの単位において，1か月単位のデータ（単月次データ）を用いるか，累計したデータ（累計月次データ）を用いるかをあらかじめ検討し，決定しておきます。

　データ収集単位，連結処理単位，報告単位は，すべて同じ単位である必要はなく，組み合わせて運用することができます。組み合わせのしかたで8つパ

ターン（4パターン×2）があります。

図表 2-3-1 それぞれの単位の組み合わせによるパターン

		データ収集単位	連結処理単位	報告単位
パターン1	①	単月次データ	単月次データ	単月次データ
	②			累計月次データ
パターン2	①	単月次データ	累計月次データ	累計月次データ
	②			単月次データ
パターン3	①	累計月次データ	累計月次データ	累計月次データ
	②			単月次データ
パターン4	①	累計月次データ	単月次データ	単月次データ
	②			累計月次データ

【連結管理会計で検討すべきデータの単位】
✓ 各社からデータ収集を行う単位（データ収集単位）
✓ 連結処理を実施する単位（連結処理単位）
✓ 経営者への報告用レポートの単位（報告単位）

(2) データ収集単位，連結処理単位，報告単位の組み合わせパターン

① パターン1：データ収集，連結処理ともに単月で実施するパターン

パターン1は，親会社および子会社の個別財務諸表数値について，単月次データ（1か月単位のデータ）を収集し，換算や内部取引消去などの連結処理も単月次データを用いて行い，連結財務諸表を作成する方法です。

報告単位は，単月次データを用いて作成した単月次単位の連結財務諸表をそのまま報告するか（パターン1-①），単月次単位の連結財務諸表を足し合わ

せて累計月次単位の連結財務諸表を作成して報告するか（パターン1－②）の，2つの方法があります。

図表2-3-2　パターン1（12月決算会社で6月月次を実施する場合）

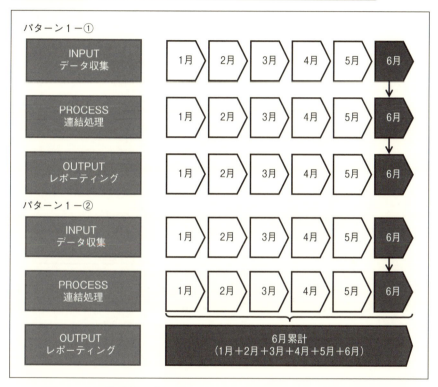

　パターン1は予算連結で多く用いられている方法です。まず年間での各社の単体予算を作成し，これを12か月に按分したデータを各社の単月次の単体データとします。これらをそのままの単位（単月次データ）で換算・合算し，連結消去・修正仕訳を行って連結財務諸表を作成することにより，単月次単位の連結財務諸表を作成することができます。一方，期首からの累計値での連結財務諸表を作成するためには，単月次単位で作成した連結財務諸表を合算する必要があります。通常，制度連結や月次連結は期首からの累計値で作成しているこ

とが多いため，制度連結や月次連結との比較分析を行う場合には，単月次単位の連結財務諸表だけでは足りず，これを積み上げて累計月次単位の連結財務諸表を作成する必要があります。

② パターン2：データ収集は単月，連結処理は累計で実施するパターン

パターン2は，パターン1と同じく各社からは単月次データを収集するものの，連結処理は累計月次単位で実施する方法です。個別財務諸表の換算・合算を行う前に，単月次単位の各社データを積み上げて累計月次単位のデータを作成し，これを用いて連結処理を実施します。連結処理以降の流れは後述のパターン3と同様です。

図表2-3-3 パターン2（12月決算会社で6月月次を実施する場合）

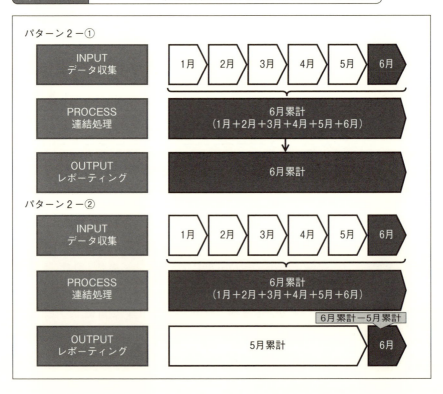

パターン2-①は，報告単位は累計月次のみでよい場合（単月次の報告は不要）で，各社からは単月次単位でデータを集めている場合にこの方法を採用します。一方，パターン2-②は，各社からは単月次単位で報告してもらうものの，換算や連結処理は累計単位で行いたい場合に採用します。レポーティングは経営陣から単月次の連結結果も参照したいという要望がある場合に，前月累計結果を差し引いて単月次の連結結果を作成します。

在外子会社の個別財務諸表の換算において，月ごとに異なる換算レートを用いて換算している場合には，パターン1とパターン2ではレートの違いによって差が生じます。

通常，「制度連結」は累計で処理を行うため，「管理連結」のデータ収集は単月次で集めるものの，連結処理は「制度連結」に近い方法で実施したい場合にこのパターンを選択します。

③ パターン3：データ収集，連結処理ともに累計で実施するパターン

パターン3は，親会社および子会社の単体のデータについて，累計月次単位のデータを収集し，換算や内部取引消去などの連結処理も累計月次単位で行って連結財務諸表を作成する方法です。

報告単位は，累計月次データを用いて作成した累計月次単位の連結財務諸表をそのまま報告するか（パターン3-①），当月の累計月次単位の連結財務諸表から，前月の累計月次単位の連結財務諸表を差し引いて単月次単位の連結財務諸表を作成して報告するか（パターン3-②）の，2つの方法があります。

パターン3は制度連結や月次連結において，多く用いられている方法です。月次実績データを利用して連結財務諸表を作成する場合，まずは各社から月次実績データを収集する必要があります。このとき，各社から単月次単位のデータを収集するとなると，各社で1か月ごとに決算整理仕訳とその振戻仕訳を行わなくてはなりません。単月次単位で実績データを集めようとすると，各社の負担が大きくなってしまうため，月次実績のデータ収集は累計月次単位で実施することが多いようです。制度連結においても，期首からの累計データを用い

て連結している場合には，制度連結のデータ収集単位と変わらないため，子会社側での混乱も少なくなります。

図表2-3-4　パターン3（12月決算会社で6月月次を実施する場合）

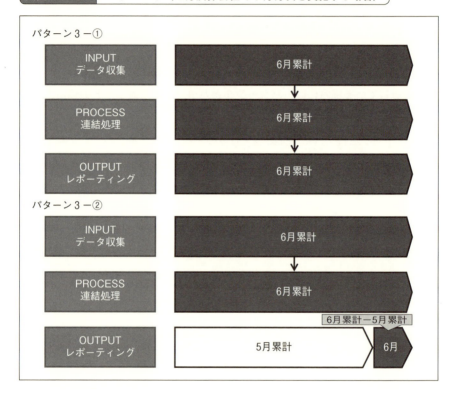

④　パターン4：データ収集は累計，連結処理は単月で実施するパターン

パターン4は，パターン3と同じく各社からは累計月次単位のデータを収集するものの，連結処理は単月次単位で実施する方法です。個別財務諸表の換算・合算を行う前に，当月の累計月次単位のデータから前月の累計月次単位のデータを差し引いて単月次単位のデータを作成し，これを用いて連結処理を実施します。連結処理以降の流れはパターン1と同様です。

在外子会社がある場合には、累計月次単位のデータを実績レートを用いて換算すると、レート差による影響が当月累計データに含まれてしまうため、**各月の為替の変動を含めたくない場合にこの方法を採用します。**

図表2-3-5　パターン4（12月決算会社で6月月次を実施する場合）

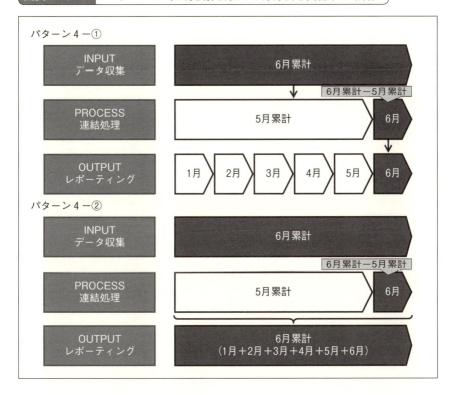

(3) 「管理連結」における組み合わせパターンの検討

在外子会社がなければ、どのパターンを採用しても作成される連結財務諸表は同じものとなります。また、在外子会社があったとしても、換算レートが同一レートであれば、どのパターンを採用しても結果に差異は生じません。

よって，どのパターンを採用するかについては，在外子会社があるかないか，在外子会社がある場合，換算をどのように行うかの方針によって，採用する連結処理の単位が変わってきます（実績レートで換算する場合は，月次単位の換算か累計単位の換算かを検討）。また，データ収集の単位については，各社の個別会計システムでのデータ保持方法や月次の精度に関係します。例えば，月次単位で決算整理仕訳の振戻仕訳を行っていない場合は，単月次のデータではなく累計月次のデータを収集したほうがよく，また，単月次を積み上げても累計月次データにはならないような場合（遡って月次データを修正できる場合など）は，データ収集は累計月次で実施したほうがよいということになります。さらに報告用としてどの単位での報告を求められているかなどを考慮して検討する必要があります。

「制管組替」「制管一致（完全一致）」を考えるのであれば，結果としては「制度連結」と同様の方法を採用する必要があります。

図表2-3-6　パターン選択に関する検討の流れ

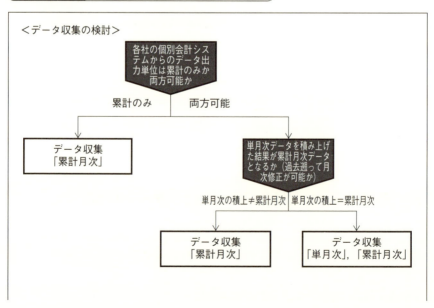

第2章 「管理連結」を実施する際の検討事項 43

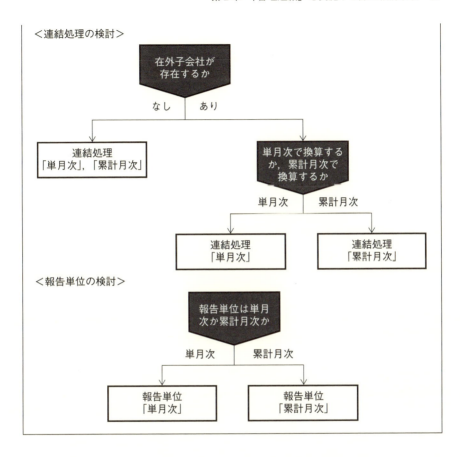

4 決算期が異なる子会社の取扱いの検討

(1) 「制度連結」における決算期が異なる子会社の取扱い

親会社と子会社の決算期が異なる場合、各社のいつの個別財務諸表を取り込むかを決める必要があります。

現行の日本の会計基準では、親会社と子会社の決算期が異なる場合は、その差異が3か月以内であれば、そのまま連結してもよいというルールになっています。よって、「制度連結」では、例えば、親会社が3月決算で子会社が12月決算の場合、親会社の3月決算の個別財務諸表と子会社の12月決算の個別財務諸表をそのまま合算して連結することができます。

図表2-4-1　決算期が異なる子会社の財務諸表をそのまま取り込む場合（制度連結）

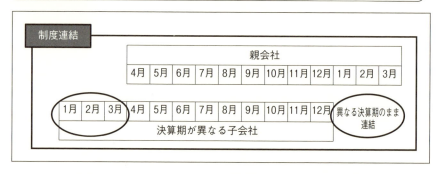

一方、「管理連結」では決まったルールがあるわけではありません。連結管理会計の目的が何かを考えた場合、**決算期が異なる会社の個別財務諸表を、「制度連結」と同じ会計期間で取り込むのか、それとも「管理連結」では同月のデータを取り込むのか**ということを検討する必要があります。

(2) 「管理連結」における決算期が異なる子会社の取扱いの検討

① 決算期が異なる子会社の個別財務諸表をそのまま取り込む方法

この方法は,「管理連結」においても「制度連結」と同様に,親会社と決算期が異なる子会社の個別財務諸表をそのままの決算期で取り込む方法です。

例えば,親会社が3月決算会社で子会社が12月決算会社の場合,4月月次の「管理連結」上の連結財務諸表を作成する際に,親会社は4月月次の金額,子会社は1月月次の金額をそのまま連結します。

この方法は,「制度連結」と同様の決算期で取り込むため,制度決算月において,「制度連結」で作成した連結財務諸表と「管理連結」で作成した連結財務諸表に大きな差異が生じず,**「制度連結」と「管理連結」の連結財務諸表の比較がしやすい**というメリットがあります。

図表2-4-2　月ずれのまま取り込む方法（親会社3月決算,子会社12月決算の場合）

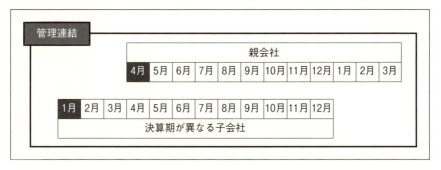

一方,月次で業績が大きく変動する場合などにおいては,子会社の1月月次の個別財務諸表を合算して5月頃に連結財務諸表を作っても意思決定が遅れてしまうおそれがあります。

「制管組替型」,「制管一致型（完全一致）」の場合は,制度と同じ決算期を取り込まないと,「制度連結」の結果とは一致しないため,この方法しか採用できません。

子会社の重要性があまり高くない場合や,「管理連結」をとりあえず実行してみようという段階の会社においては,「制度連結」の延長線上で「管理連結」をするというこの方法で進めてみるのがよいでしょう。

② 決算期が異なる子会社の個別財務諸表を親会社の決算月にあわせて取り込む方法

この方法は,決算期が異なる子会社の個別財務諸表を親会社の決算期にあわせて連結する方法です。

例えば,親会社が3月決算,子会社が12月決算の場合で,4月月次の管理連結上の連結財務諸表を作成する場合,子会社の個別財務諸表も4月月次の個別財務諸表を取り込みます。この方法は,親会社と子会社の毎月の同月の数値を用いて連結財務諸表を作成するため,**タイムラグがなく,意思決定を迅速に行うための情報を提供できる**というメリットがあります。

図表2-4-3　同月データを取り込む方法（親会社3月決算,子会社12月決算の場合）

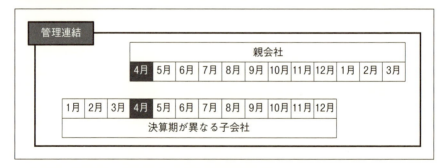

実績月次連結を行う場合で,累計月次単位の単体データを子会社から収集する場合には,子会社側で決算期を親会社にあわせるように調整が必要となります。また,制度決算月において,「制度連結」と「管理連結」で決算期が異なる子会社の個別財務諸表を合算しているため,そのままでは比較分析がしづらいというデメリットがあります。

【決算期が異なる会社がある場合の検討事項】
- ✓ 決算期が異なる子会社の個別財務諸表をそのまま取り込む
- ✓ 親会社の決算月にあわせて取り込む

5 連結消去・修正仕訳の検討

(1) 「管理連結」における連結処理の検討にあたって

　「制度連結」では連結財務諸表作成のルールが決まっているため，親会社および子会社の個別財務諸表を合算した後，そのルールに従って連結消去・修正仕訳を行い連結財務諸表を作成する必要があります。

　しかしながら，「管理連結」では決まったルールがないため，連結消去・修正仕訳のうち，どの仕訳をどのように行うかを決めておかなければなりません。

　「管理連結」の結果を，連結グループとしての迅速な意思決定を行うための情報として利用している場合，意思決定に直接影響しないものは省略するという判断もあります。また，省略はしないものの，簡便的に行うという判断もあります。一方で，非常に重要な連結消去・修正仕訳については，「制度連結」と同様のレベルで実施するという方法も考えられます。

　連結消去・修正仕訳を省略する，または簡便的に行うという方法を選択した場合は，「制度連結」と異なる処理となるため，「制度連結」の結果と「管理連結」の結果を比較する場合には，そのまま比較するのではなく連結処理の違いを加味して比較する必要があります。

　一方，「制度連結」と同様のレベルで実施する方法を選択した場合には，「制度連結」との比較はしやすくなるものの，「管理連結」の手間がかかってしまう可能性があります。「管理連結」上，連結消去・修正仕訳をどのように行うかについては，「管理連結」のスピードとの兼ね合いや子会社が元データを作成できるのかも含めて，実現可能性をあらかじめ検討して決定する必要があります。

　また，連結消去・修正仕訳は，連結貸借対照表だけに影響する仕訳の場合と，連結貸借対照表と連結損益計算書の両方に影響する仕訳の場合とがあります。

よって，「管理連結」上，どの連結財務諸表を作成するのか，具体的には，連結損益計算書のみを作成するのか，連結貸借対照表と連結損益計算書の両方を作成するのか，さらには連結損益計算書のどの段階利益までを作成するのかによって，必要となる連結消去・修正仕訳が異なるため，どの連結財務諸表を作成するのかを決定した後，連結消去・修正仕訳を検討します。

図表2-5-1 連結貸借対照表・連結損益計算書の連結処理検討項目一覧

項目	連結貸借対照表	連結損益計算書
個別修正仕訳	○	○
投資と資本の消去仕訳	○	△
非支配株主持分への按分仕訳	○	○
のれんの償却仕訳	○	○
債権債務の消去仕訳	○	×
貸倒引当金の調整仕訳	○	○
損益取引の消去仕訳	×	○
未実現利益の消去仕訳	○	○
連結手続上の税効果仕訳	○	○
持分法適用仕訳	○	○
開始仕訳	○	△

○：該当あり，×：該当なし，△：場合によって該当あり

「制管組替型」，「制管一致型（完全一致）」を目指す場合，少なくとも制度月においては「制度連結」と同様の処理を行う必要があります。制度月以外の月次においては，比較対象となる「制度連結」の数値がないため，制度月の手続は多少省略はできるものの，損益への影響などを考慮してどのように実施するかを検討する必要があります。

「制管不一致型」「制管調整型」の場合には，「制度連結」と「管理連結」で異なる処理を採用することが可能です。「管理連結」の目的と照らし合わせてどこまでの処理を行うか，行う場合にはどのように行うかを検討しておく必要

があります。

(2) 「管理連結」における連結消去・修正仕訳ごとの検討

① 個別修正仕訳

在外子会社がある場合など，親会社と子会社で採用している会計処理が異なる際に，連結手続上で，子会社の会計処理を親会社の会計処理にあわせるための修正仕訳が必要となります。「制度連結」上は，毎期その修正額を計算して個別修正仕訳を行います。このような個別修正仕訳がある場合，「管理連結」上，どこまで取り込むかを検討しておく必要があります。

② 投資と資本の消去

親会社の投資と子会社の資本を相殺消去する仕訳です。投資と資本の消去は基本的には損益の影響はないため，連結損益計算書だけを作成する場合には省略することもあります。しかしながら，新規子会社を取得した場合や子会社を除外する場合などは，損益項目が生じることもあるため，その分を考慮する必要があります。

③ 非支配株主持分への按分

外部の株主が存在する子会社がある場合，当期純利益等のうち，外部の株主に帰属する部分を「非支配株主持分」（純資産項目）に按分する必要があります。「管理連結」上もこれらの仕訳を行うかどうかを検討します。

④ のれんの償却仕訳

連結上ののれんは，現行の日本の会計基準では発生後20年以内にその効果が及ぶ期間で償却する必要があります。ただし，重要性が低い場合は発生時の費用として一括償却することもできます。

よって，過去にのれんがある，もしくは新たにのれんが発生した場合，当該

のれんの償却仕訳を「管理連結」上どのように反映させるかを検討する必要があります。

⑤ 債権債務の消去仕訳

連結グループ会社間で発生した債権債務を連結上消去する仕訳です。

「管理連結」上，どの債権債務を消去するのか，また，親会社と子会社それぞれの情報を収集して突合して消去するのか，それとも債権側だけの金額をもとに消去するのかなど，「管理連結」上でどのように処理するかを検討する必要があります。債権債務を消去する仕訳なので，連結損益計算書のみを作成する場合は不要です。

⑥ 貸倒引当金の調整仕訳

連結グループ会社間の債権に対して計上した貸倒引当金は，連結手続上消去する必要があります。よって，「管理連結」上，どのように貸倒引当金の調整仕訳を反映させるかを検討しておく必要があります。そもそも貸倒引当金の調整仕訳を実施するのか否か，個別引当額のみを消去するのか，すべてを消去するのかなどを検討します。

⑦ 損益取引の消去仕訳

連結グループ会社間で発生した損益取引を連結上消去する仕訳です。

「管理連結」上，どの損益取引を消去するのか，また，親会社と子会社それぞれの情報を収集して突合して消去するのか，それとも収益側だけの金額をもとに消去するのかなど，「管理連結」上でどのように処理するかを検討する必要があります。

⑧ 未実現利益の消去仕訳

ある連結グループ会社が他の連結グループ会社に資産を売却した場合で，決算日現在，購入側の会社がその資産を外部には売却せず資産として保有してい

る場合，当該資産に含まれている売却側の会社が付した利益は，連結上はまだ実現していない利益（未実現利益）なので消去する必要があります。

未実現利益が棚卸資産に含まれている場合と，固定資産に含まれている場合があり，「管理連結」上，どの未実現利益を消去するか，また，消去する場合に簡便的に実施するか，「制度連結」と同様のルールで消去するかを検討しておく必要があります。

・棚卸資産に含まれる未実現利益の消去
・固定資産に含まれる未実現利益の消去

また，固定資産に含まれる未実現利益の消去を行う場合は，その固定資産が償却性資産だった場合には，未実現利益の消去に伴う減価償却費の調整仕訳も必要となります。「管理連結」上，これらの仕訳をどこまで反映させるかを検討しておく必要があります。

⑨　連結手続上の税効果仕訳

個別修正仕訳，未実現利益の消去，貸倒引当金の調整仕訳を行った場合など，これらの仕訳に伴う税効果仕訳が必要となります。

「管理連結」では税引前当期純利益までの項目しか対象としない場合には，当該仕訳は不要です。「管理連結」上，連結手続上の税効果仕訳を取り込む必要があるかどうかを検討しておく必要があります。

⑩　持分法適用仕訳

原則として，非連結子会社株式や関連会社株式を保有している場合，連結手続上，持分法を適用する必要があります。

「管理連結」上，持分法をどの範囲で適用するか，適用する場合にはどの仕訳までを含めるかなどを検討しておく必要があります。

⑪ 開始仕訳

開始仕訳は前期の仕訳を繰り越すための仕訳です。その一番の目的は,「制度連結」において純資産の当期首残高を前期末残高と一致させることです。

主な理由が純資産項目の引継ぎなので,連結貸借対照表を作成する場合は,開始仕訳は必要です。一方,連結損益計算書のみを作成する場合は,当期の損益だけを取り込めばよいため,必ずしも開始仕訳は必要ではありません。ただし,未実現利益の消去や貸倒引当金の調整など,前期の連結仕訳が当期の連結仕訳に影響を及ぼす場合(つまり,当期に実現する場合)には,開始仕訳が必要となります。

【連結消去・修正仕訳の検討事項】
- ✓ 個別修正仕訳を行うか,行う場合どのように作成するか
- ✓ 投資と資本の消去仕訳を行うか,行う場合どのように作成するか
- ✓ 非支配株主持分への按分仕訳を行うか,行う場合どのように作成するか
- ✓ のれんの償却仕訳を行うか,行う場合どのように作成するか
- ✓ 債権債務の消去仕訳を行うか,行う場合どのように作成するか
- ✓ 貸倒引当金の調整仕訳を行うか,行う場合どのように作成するか
- ✓ 損益取引の消去仕訳を行うか,行う場合どのように作成するか
- ✓ 未実現利益の消去仕訳を行うか,行う場合どのように作成するか
- ✓ 連結手続上の税効果仕訳を行うか,行う場合どのように作成するか
- ✓ 持分法適用仕訳を行うか,行う場合どのように作成するか
- ✓ 開始仕訳を行うか,行う場合どのように作成するか

6 制管一致に対する方針

(1) 連結管理会計における制管一致の必要性

　制管一致とは，制度会計と管理会計で作成した数値は一致させなければならないという考え方のことを指します。前述のとおり，管理連結における制管一致の考え方は4通り（制管不一致型，制管調整型，制管組替型，制管一致型（完全一致））あり，まずはどのスタンスをとるのかを明確にしておく必要があります。この4通りの考え方のうち，制管不一致型，制管調整型を採用する場合には，制度会計と管理会計でどの部分で差異が生じるのかを明確にしておく必要があります。さらに，制管調整型の場合には，その差異を調整する必要があるため，それぞれの処理の違いによる影響額も把握しておく必要があります。

　「制度連結」と「管理連結」では，換算，合算，連結消去・修正仕訳といったさまざまな手続において，異なる処理を行う可能性があるため，意識的に同じ処理を採用しない限りは，通常は，「制度連結」と「管理連結」に差異が生じます。どのような手続において一致しないのかを把握し，その一致しない原因がどこにあるかを把握しておくことが必要です。

(2) 連結範囲の違いによる影響

　連結範囲が「制度連結」と「管理連結」で異なる場合，制度決算月のデータであっても，作成される連結財務諸表の数値は一致しません。

　よって，制管調整型の場合には，制度月の管理会計の連結財務諸表と制度会計の連結財務諸表の差異が，連結範囲の違いであることがわかるように，制度連結と管理連結で連結範囲に差が生じる会社の財務諸表金額を把握しておく必要があります。

具体的には,「管理連結」で連結の範囲に含めた子会社で「制度連結」では含めていない子会社がある場合,当該子会社の個別財務諸表およびその子会社との内部取引消去額等が差額として生じます。また,その反対に「管理連結」では連結の範囲に含めていないが,「制度連結」では含めている会社がある場合には,当該子会社の個別財務諸表および内部取引消去額等が差額として生じます。これらを加減算して,管理の連結財務諸表と制度の連結財務諸表の調整を行います。

図表2-6-1　連結範囲による差異

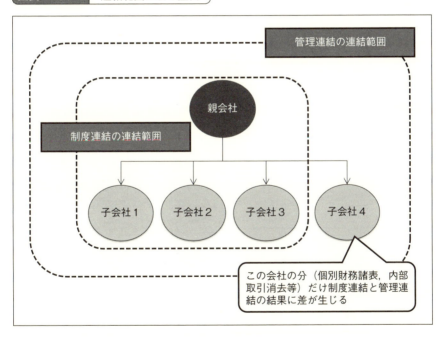

(3) 取り込む決算期の違いによる影響

親会社と決算期が異なる子会社がある場合に,「制度連結」では当該子会社の決算期をずれたまま連結財務諸表に取り込んでおり,「管理連結」では決算

期をあわせて取り込んでいるような場合,「管理連結」と「制度連結」で差が生じます。

この場合の差額は,決算期のずれが生じている子会社の個別財務諸表の差額および当該子会社との内部取引消去額等の差額となります。

図表2-6-2　取り込む決算期の違いによる影響

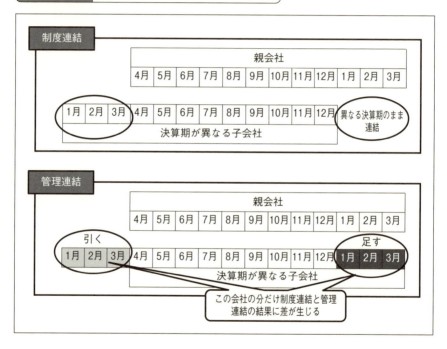

(4) 連結処理（連結消去・修正仕訳）の違いによる影響

連結消去・修正仕訳の取り込む範囲やその方法が,「管理連結」と「制度連結」で異なる場合,その分,連結財務諸表に差額が生じます。

連結消去・修正仕訳の内容ごとにどのような差が生じるかを把握し,それらを説明できるようにしておく必要があります。

(5) 科目体系の違いによる影響

　「管理連結」と「制度連結」で連結財務諸表の科目体系が異なる場合には，どのレベルの科目で一致するかをあらかじめ検討し，その科目の一致だけを確認する必要があります。

　例えば，「制度連結」では，制度で決められた形式で連結損益計算書を作成しているのに対し，管理連結では固定費，変動費に分けて表示している場合など，1つひとつの項目は一致しません。しかしながら経常利益は一致するのであれば，単純合算および連結財務諸表において，経常利益が「制度連結」と「管理連結」とで一致することを確認しておく必要があります。

　なお，科目体系が異なる場合には，各社からデータ収集を行う段階で，「制度連結」と「管理連結」で扱う個別財務諸表が，主要な科目レベルで一致していることを確認して連結処理を行う必要があります。

【制管一致を必要とする場合の検討事項】
- ✓ 連結財務諸表に取り込む子会社の範囲が一致しているか否か（連結範囲）
- ✓ 決算期が異なる子会社がある場合に取り込んでいる決算期が同一か否か（決算期）
- ✓ 取り込んでいる連結消去・修正仕訳が一致しているか否か，また，その処理方法が同一か否か（連結消去・修正仕訳）
- ✓ 連結財務諸表の科目体系が一致しているか否か（科目体系）

第3章 月次(実績)連結の進め方

1　「月次連結」を始めるにあたっての考え方

　これから「管理連結」のしくみを構築する場合，第一歩としては**月次（実績）連結を実施することをお勧めします**。月次実績連結は，各社の実績月次データを利用して連結決算を行うものです。本書では，月次（実績）連結のことを「月次連結」と呼ぶことにします。

　「月次連結」を実施する場合，まずは，親会社および子会社の実績月次のデータを収集する必要があります。子会社で月次決算が十分にできていない場合には，子会社の月次決算のしくみを整備する必要も出てきます。各社で月次決算ができていない状態なのにもかかわらず，そのデータを合算して連結しても正しい連結数値を作成することができないからです。

　しかしながら，子会社側での月次決算業務の整備を待ってから連結管理会計を進めるとなると，連結管理会計を実施するまでにかなりの時間を要してしまいます。よって，これから「管理連結」のしくみを構築していこうという場合には，例えば，最初は主要な子会社のデータのみを収集して「月次連結」を実施するなど，できる範囲から徐々に進めていく方法でもよいのではないかと思います。「管理連結」の作業も進めつつ，並行してその他の子会社側の月次決算を整備するなど，「管理連結」と子会社月次決算の整備を並行で進めることで，短い期間で「管理連結」のしくみを構築することが可能となります。

　「管理連結」のしくみを作るためには，まずはやってみることが非常に重要です。やってみて，はじめていろいろな課題が見えてくることもあります。そのためには，できる範囲のところから少しずつでもよいので，ぜひ始めてみてください。

図表3-1-1　「月次連結」の進め方

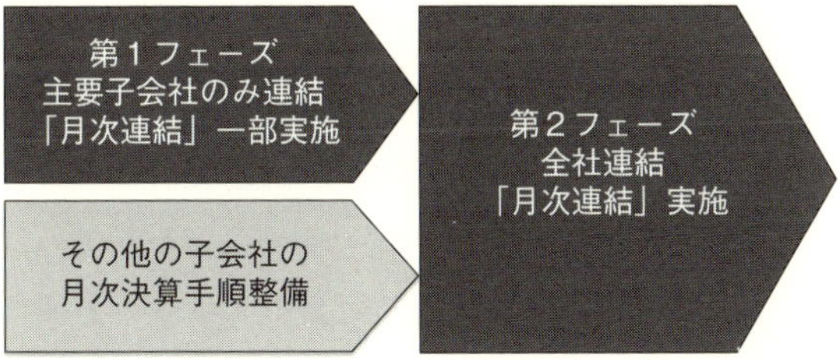

第1フェーズ
主要子会社のみ連結
「月次連結」一部実施

その他の子会社の
月次決算手順整備

第2フェーズ
全社連結
「月次連結」実施

2 作成する財務諸表の種類の検討

「月次連結」を行う際に，月次でどの連結財務諸表を作成するかを検討します。
　具体的には，連結損益計算書，連結貸借対照表，連結キャッシュ・フロー計算書，その他の情報のうち，「月次連結」において作成する連結財務諸表を最初に決定します。作成する連結財務諸表が決まれば，各社から収集すべきデータも決まります。
　はじめからすべての連結財務諸表を作成できるよう，「管理連結」のしくみを構築したいという考え方もありますが，最初から「管理連結」のハードルを上げてしまうと，なかなか結果が見えず，「管理連結」のしくみ構築が進みません。よって，最初はすべてのことをやろうとはせず，できる範囲のところから少しずつ始めていくことが大切です。作成しやすさという観点では，まずは**月次での連結損益計算書の作成をお勧めします。**
　単体での「管理会計」においても，単体での損益管理は行っているが，貸借対照表までは月次で管理していないという会社も多くあるようです。
　よって，「管理連結」においても，まずは月次実績での連結損益計算書を作成できるしくみができてから，連結貸借対照表や連結キャッシュ・フロー計算書の作成もできるように広げていくほうが現実的です。
　「月次連結」を進めるステップとしては，以下の順番で実施するのが進めやすいでしょう。

（ステップ1）　連結損益計算書の作成
（ステップ2）　連結貸借対照表の作成
（ステップ3）　連結キャッシュ・フロー計算書および附属情報の作成

3　子会社の月次決算の整備

　「月次連結」を実施するためには，親会社だけでなく，子会社側でも月次決算を行う必要があります。すでに単体での月次決算のしくみができ上がっている場合には問題は生じませんが，単体で月次決算を行っていない場合には，当該子会社に月次決算を行えるよう指導が必要となります。最初から完璧なものを求めるのではなく，最低限どこまでやって欲しいかという点を子会社に伝え，子会社側でそれを実施してもらう必要があります。

　通常の決算と同じレベルで月次を締めるとなると，子会社側の負担が大きくなってしまうため，子会社側で実施する月次決算において，どの処理を取り込めばいいかという月次決算作成に関する指針を，親会社側で検討しておかなくてはなりません。

　例えば，毎月発生する費用の按分，償却費の計上などについては，あらかじめルールとして子会社側での月次決算で実施するように指導し，その結果を収集して連結するという段取りを踏む必要があります。

【月次決算において子会社側で実施する決算整理仕訳の検討事項】
- ✓　未払費用，前払費用の計上
- ✓　未収収益，前受収益の計上
- ✓　減価償却費の計上
- ✓　その他，月次損益に影響を及ぼす事項の修正

4　科目体系・科目粒度の検討

　「月次連結」を実施する場合に，各子会社から収集する個別財務諸表データの科目体系や科目粒度をどうするかを検討します。

　「月次連結」において，どこまで細かい科目で連結財務諸表を作成するのか，また，どの項目をどのような切り口（軸）で分析したいのかによって，連結財務諸表における科目体系が決まります。連結財務諸表で必要となる科目が，単体の勘定科目を組み替えることで作成できるのであれば，各社から収集するデータは**各社の個別会計システムから出力したデータをそのまま収集したほうがよい**でしょう。

　なぜなら，各社でデータの加工をしてから親会社に報告するとなると，月次を締めるにあたって子会社側で追加の作業が発生するとともに，人の手を介することによって，個別会計システムから出力したデータと「管理連結」で取り込んだデータが異なっているということも起こりえます。こういったデータ間の不整合がないようにするためにも，個別会計システムから出力したデータはできるだけそのまま連結側で取り込み，科目の集約等の組替は連結側で実施したほうがよいと考えます。

図表 3-4-1　子会社からのデータ収集パターン

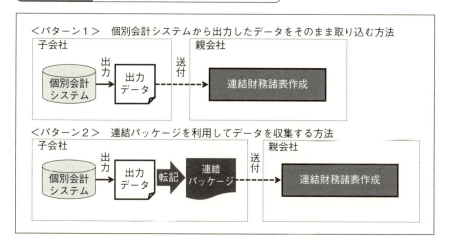

　【図表3-4-1】の＜パターン2＞が，月次連結用の連結パッケージに子会社がデータを転記して親会社に情報を提出する流れです。この流れでは，集約した科目で収集するのであれば，入力科目はさほど多くはないものの，子会社側で「転記」という余計な作業が入ってしまうため，転記の手間や間違いが発生する可能性があります。よって，理想形としては，＜パターン1＞のように，個別会計システムから出力したデータをそのまま親会社に送付し，親会社側で科目を組み替えて連結するしくみを構築する方法がよいでしょう。

　ただし，その場合には，子会社側で月次決算整理仕訳を個別会計システムに登録し，月次決算をシステム内で実施しておく必要があります。

　個別会計システム内で月次決算整理仕訳ができない場合には，＜パターン2＞の流れで，親会社提出用の連結パッケージ上で子会社の個別財務諸表のデータに追加修正を加えて親会社に提出する必要があります。

5 連結消去・修正仕訳の検討

次に,「月次連結」において,連結消去・修正仕訳のうち,何をどのように取り込むかを検討します。「制管組替型」「制管一致型(完全一致)」を前提とするのであれば,制度連結で必要となるすべての仕訳を「月次連結」でも同じように取り込む必要があります。「制管不一致型」「制管調整型」を前提とする場合には,制度連結で実施しているすべての連結消去・修正仕訳を同じように取り込む必要はなく,その中でも重要なもののみを取り込むこともできます。連結消去・修正仕訳はすべて省略して,各社単体データだけをタイムリーに収集して比較分析するだけでも十分有益な情報になります。

このように,「管理連結」において制管一致をどう考えるのか,また,どこまでの情報をどのようなタイミングで把握したいのかによって,連結消去・修正仕訳の取り込む範囲および取り込む場合の仕訳の作成方法が決まります。

制度連結で実施している連結消去・修正仕訳のうち,管理連結で必要なものは何かを考え,あらかじめ取り込むべき連結消去・修正仕訳を決定するとともに,「月次連結」における仕訳の作成方法を検討しておく必要があります。

図表3-5-1 制管一致の考え方と連結消去・修正仕訳の検討

制管一致の考え方	連結消去・修正仕訳
制管不一致型	「管理連結」の目的に沿って検討
制管調整型	「管理連結」の目的に沿って検討(「制度連結」との差を認識する必要あり)
制管組替型	「制度連結」と同様の処理を実施(制度月以外は省略または簡便的な方法も可能)
制管一致型	「制度連結」と同様の処理を実施(制度月以外は省略または簡便的な方法も可能)

(1) 投資と資本の消去

投資と資本の消去は，親会社の投資と子会社の資本を相殺消去し，差額が生じた場合にはのれんを計上する仕訳です。よって，連結損益計算書だけを作成するのであれば必要はありません。

しかしながら，新規子会社を取得した場合には新たなのれんが発生し，当該のれんの償却によって，連結損益計算書に影響が生じます。また，連結子会社を除外する場合には，除外に伴って売却損益等が発生することもあります。よって，月次決算実施前に当月において新規に連結する子会社（新規連結子会社）や除外する会社（連結除外会社）がないかを確認し，新規連結子会社または連結除外会社がある場合には，それに伴う仕訳を月次連結においても反映させる必要があります。

【投資と資本の消去における確認項目】

確認項目	有無	検討事項
開始仕訳（過去の連結仕訳）においてのれんが発生しているか	有・無	管理連結上，のれん償却仕訳を行うか 行う場合に，償却額はどのように計算するか（後述(4)）
当月（単月・累計）において新規子会社（株式）の取得または設立があるか	有・無	管理会計上，新規取得の仕訳を行うか 行う場合に，のれんの金額はどのように計算するか
当月（単月・累計）において連結子会社（株式）の除外があるか	有・無	管理会計上，連結除外の仕訳を行うか 行う場合に，当期の損益影響（売却損益等）はどのように計算するか
親会社以外の株主が存在する子会社があるか	有・無	管理会計上，非支配株主持分への按分仕訳を行うか 行う場合に，どの項目を按分するか（後述(2)）

(2) 当期純利益等の按分

連結子会社において親会社以外の株主が存在する場合，子会社の資本のうち，

親会社の持分相当額以外の部分は,「非支配株主持分」(純資産項目)に振り替えなければなりません。

また,非支配株主が存在する場合,連結損益計算書上,当該連結子会社の当期純利益に外部株主の持分比率を乗じた金額は,「非支配株主に帰属する当期純利益」として計上する必要があります。さらに,当期純利益のみならずその他の包括利益(その他有価証券評価差額金,繰延ヘッジ損益,退職給付調整累計額,為替換算調整勘定)についても外部株主持分相当額を「非支配株主持分」(純資産項目)に振り替えます。非支配株主が存在する場合,制度会計での各財務諸表の表示は以下のようになります。

図表3-5-2 連結財務諸表における非支配株主が存在する場合の表示

```
<連結貸借対照表>
 :
(純資産の部)
 Ⅰ  株主資本                    XXX
 Ⅱ  その他の包括利益累計額        XXX
 Ⅲ  新株予約権                   XXX
 Ⅳ  非支配株主持分                XXX
     純資産合計                   XXX
```

```
<連結損益計算書>
 :
当期純利益                      1,000
非支配株主に帰属する当期純利益    200
親会社株主に帰属する当期純利益    800
```

```
<連結包括利益計算書>
当期純利益                      1,000
その他の包括利益合計              100
包括利益                        1,100
(内訳)
親会社株主に係る包括利益          880
非支配株主に係る包括利益          220
```

連結管理会計においてどの連結財務諸表を作成するか,また,作成する場合にどの項目までを作成するかによって,非支配株主持分への按分仕訳が必要かどうかが決まります。例えば,連結損益計算書だけを作成するのであれば,そ

の他の包括利益の非支配株主持分への按分仕訳は不要です。また，連結損益計算書を作成する場合であっても，その範囲が経常利益までなのであれば，当期純利益の非支配株主持分への按分仕訳も不要となります。

連結管理会計において，どの連結財務諸表を作成するのか，また，どこまでの金額を求めるのかに基づいて，当期純利益等の非支配株主持分への按分仕訳が必要かどうかを確認してください。

【当期純利益等の按分における確認項目】

確認項目	有無	検討事項
非支配株主は存在するか	有・無	管理連結上，非支配株主への按分仕訳を行うか 行う場合に，按分比率はどの比率を利用するか
その他有価証券評価差額金の当期増減はあるか	有・無	管理連結上，非支配株主への按分仕訳を行うか 行う場合に，按分比率はどの比率を利用するか
繰延ヘッジ損益の当期増減はあるか	有・無	管理連結上，非支配株主への按分仕訳を行うか 行う場合に，按分比率はどの比率を利用するか
退職給付調整累計額の当期増減はあるか	有・無	管理連結上，非支配株主への按分仕訳を行うか 行う場合に，按分比率はどの比率を利用するか
為替換算調整勘定の当期増減はあるか	有・無	管理連結上，非支配株主への按分仕訳を行うか 行う場合に，按分比率はどの比率を利用するか

(3) 配当金の相殺

子会社から親会社（または連結グループ会社）に対する支払配当がある場合，受け取った会社で計上している受取配当金と，子会社で計上している支払配当金（利益剰余金の減少項目）を連結上は相殺消去する必要があります。

この仕訳は，連結貸借対照表の利益剰余金には影響はありませんが，連結損益計算書の当期純利益には影響を及ぼす仕訳ですので，該当があるかどうかを確認し，この仕訳を連結管理会計上で取り込むかどうかを決めておく必要があります。

【配当金の按分における確認項目】

確認項目	有無	検討事項
子会社からの配当金支払があるか	有・無	管理連結上，消去仕訳を行うか

(4) のれんの償却

　投資と資本の消去においてのれんが発生した場合，現行の日本基準においては，当該のれんの効果が及ぶ期間で20年以内に償却を行う必要があります。

　なお，国際財務報告基準（IFRS：International Financial Reporting Standards）を適用している場合には，のれんは定期償却せず減損のみを適用します。

　よって，のれんが発生している場合に，管理会計上で当該のれんの償却仕訳をどのように行うかを検討する必要があります。

【のれん償却仕訳における確認事項】

確認項目	有無	検討事項
連結上ののれん残高があるか	有・無	管理連結上，償却仕訳を行うか 償却する場合に，償却額はどのように計算するか

(5) 債権債務の消去

　債権債務の消去は，連結会社間で計上した債権と債務を消去する仕訳です。連結管理会計において連結貸借対照表を作成する場合，まずはどのような債権と債務が連結間で生じているかを確認し，どの債権と債務を消去するかを検討しておきます。また，消去方法（突合ルール）はどのように行うかもあわせて検討する必要があります。

　「制度連結」においては各社から収集した連結会社向けの債権と債務を突合し，差が生じた場合にはその差額の発生原因を調査し調整していくという手続を踏むのが一般的です。一方，「管理連結」の場合には，差額調整を「制度連結」

と同じレベルで実施するのか，それとも「制度連結」とは異なるルールで実施するかを検討しておきます。例えば，突合はせず，親会社側で認識している金額で仕訳を行うという方法も考えられますし，突合はしつつも，差額が生じた場合には，親会社側で認識している金額にあわせて消去するという方法もあります。

【債権債務の消去仕訳における確認事項】

確認項目	有無	検討事項
営業取引（売掛金，未収入金，買掛金，未払金など）があるか	有・無	管理連結上，消去仕訳を行うか 消去する場合に，突合ルールはどうするか
財務取引（貸付金，借入金，未収利息，未払利息など）があるか	有・無	管理連結上，消去仕訳を行うか 消去する場合に，突合ルールはどうするか

(6) 貸倒引当金の調整

　債権債務の消去仕訳によって連結上消去された債権に対して，単体上で貸倒引当金を計上していた場合，当該貸倒引当金も連結上は取り消す必要があります。

　単体で個別引当額で貸倒引当金を計上している場合には，個別引当額そのものを消去する必要があります。また，他の債権と合算して貸倒実績率等で計算した貸倒引当金を計上している場合には，消去した債権合計額に実績率を乗じた金額を連結上は消去する必要があります。

【貸倒引当金の調整仕訳における確認事項】

確認項目	有無	検討事項
連結会社に対する債権に対し，個別引当額があるか	有・無	管理連結上，消去仕訳を行うか
連結会社に対する債権に対し，貸倒実績率を乗じた金額を引き当てているか	有・無	管理連結上，消去仕訳を行うか 消去する場合に，消去額はどのように計算するか

(7) 損益取引の消去

損益取引の消去は，連結会社間で計上した収益と費用を消去する仕訳です。連結管理会計において連結損益計算書を作成する場合，まずはどのような収益と費用が連結会社間で生じているかを確認し，どの収益と費用を消去するかを検討しておきます。また，消去方法（突合ルール）はどのように行うかもあわせて検討する必要があります。

制度連結とは異なる突合ルールで実施する場合，例えば，連結会社向けの売上高を基準として消去仕訳を作成するという方法もあります。

【損益取引の消去仕訳における確認事項】

確認項目	有無	検討事項
営業取引（売上高，売上原価，支払手数料など）	有・無	管理連結上，消去仕訳を行うか 消去する場合に，突合ルールはどうするか
財務取引（受取利息，支払利息など）	有・無	管理連結上，消去仕訳を行うか 消去する場合に，突合ルールはどうするか

(8) 未実現利益の消去

未実現利益が発生している場合，月次連結でもこれを消去するかどうかを検討します。

未実現利益発生の有無は，連結会社間でどのような取引があるかによって決まります。連結会社間で商品売買が行われており，仕入側に在庫が残っている場合には，当該在庫に含まれる未実現利益を消去する必要があります。また，固定資産の売買が行われている場合には，固定資産残高に含まれている未実現利益を消去する必要があります。

【未実現利益の消去仕訳における確認事項】

確認項目	有無	検討事項
在庫の中に，連結会社から仕入れたものがあるか	有・無	管理連結上，消去仕訳を行うか 消去する場合に，未実現利益はどのように計算するか 例：在庫×利益率（売却側の売上総利益率など）
固定資産の中に，連結会社から仕入れたものがあるか	有・無	管理連結上，消去仕訳を行うか 消去する場合に，未実現利益はどのように計算するか
上記固定資産の中に償却性資産があるか	有・無	管理連結上，償却仕訳を行うか 償却する場合に，償却額はどのように計算するか

(9) 連結手続上の税効果

貸倒引当金の調整，未実現利益の消去を行った場合に，連結手続上の税効果仕訳も必要となります。管理連結上，この仕訳を取り込むかどうかを検討します。

連結損益計算書を作成する場合で，その作成範囲を当期純利益まで作成する場合に，連結手続上の税効果仕訳の検討が必要となります。

【連結手続上の税効果仕訳における確認事項】

確認項目	有無	検討事項
管理連結上，貸倒引当金の消去仕訳があるか	有・無	管理連結上，連結手続上の税効果仕訳を行うか
管理連結上，未実現利益の消去仕訳があるか	有・無	管理連結上，連結手続上の税効果仕訳を行うか
在外子会社からの配当があるか	有・無	管理連結は，留保利益の税効果仕訳を行うか 行う場合に，金額はどのように計算するか

(10) 持分法適用仕訳

　非連結子会社や関連会社がある場合，当該会社に対する持分法適用仕訳を行うか否かを検討します。

　制度連結上では，非連結子会社や関連会社の株式に対しては，原則として持分法を適用するルールとなっています。管理連結上もこれらの会社の株式がある場合には，持分法適用仕訳を行うかどうか，また，行う場合にはどのようにどこまで行うかをあらかじめ検討しておく必要があります。

【持分法適用仕訳における確認事項】

確認項目	有無	検討事項
非連結子会社または関連会社が存在するか	有・無	管理連結上，持分法適用仕訳を行うか 行う場合に，どの会社の損益を取り込むか
持分法適用会社からの配当があるか	有・無	管理連結上，配当の消去仕訳を行うか
持分法適用会社との間に未実現損益が存在するか	有・無	管理連結上，持分法との間の未実現の消去仕訳を行うか 消去する場合に，未実現利益はどのように計算するか 消去する場合に，税効果の調整仕訳も行うか

(11) 個別修正仕訳

　制度連結上，連結財務諸表作成の際に個別修正仕訳を行っている場合には，当該仕訳のうち，管理連結上ではどこまで取り込むかを検討しておく必要があります。例えば，子会社で実施している償却性資産の償却方法が親会社での償却方法と違う場合，のれんの償却方法が異なる場合など，制度連結ではどのような個別修正仕訳を行っているかを確認し，そのうち，管理連結上でどこまで取り込むかを決定しておきます。

【個別修正仕訳における確認事項】

確認項目	有無	検討事項
制度連結上で実施している個別修正仕訳はあるか	有・無	管理連結上，どの修正仕訳を行うか 行う場合に，税効果の調整仕訳も行うか

(12) 開始仕訳

　管理会計上で取り込む連結消去・修正仕訳のうち，開始仕訳が必要なものは何があるか，また，管理連結上，開始仕訳をどのように行うかについて検討しておく必要があります。

　制度連結において，開始仕訳は主に純資産金額の期首残高を引き継ぐために必要となる仕訳です。よって，管理連結上でどのような開始仕訳が発生する可能性があるかを確認し，それらをどのように取り込むかをあらかじめ検討します。

【開始仕訳における確認事項】

確認項目	管理会計上の仕訳有無	開始仕訳要否	検討事項
投資と資本の消去	有・無	要・否	管理連結上，開始仕訳を行うか
当期純利益等の按分	有・無	要・否	管理連結上，開始仕訳を行うか
のれんの償却	有・無	要・否	管理連結上，開始仕訳を行うか
貸倒引当金の調整	有・無	要・否	管理連結上，開始仕訳を行うか
未実現利益の消去	有・無	要・否	管理連結上，開始仕訳を行うか
連結手続上の税効果	有・無	要・否	管理連結上，開始仕訳を行うか
個別修正仕訳	有・無	要・否	管理連結上，開始仕訳を行うか 行う場合に，どの仕訳を引き継ぐか

6 データ収集項目の検討

「月次連結」で作成する連結財務諸表の種類と,「月次連結」で実施する連結消去・修正仕訳の内容および仕訳の作成方法が決まれば,おのずと各社から収集すべきデータが決まります。

各社から収集すべきデータの種類は以下のとおりです。

図表3-6-1　連結処理内容とデータ収集項目

連結処理（連結消去・修正仕訳）	データ収集項目
換算，合算	個別財務諸表データ
債権債務の消去 損益取引の消去	内部取引データ
貸倒引当金の調整	貸倒引当金データ
未実現利益の消去（たな卸資産）	在庫データ
未実現利益の消去（固定資産）	固定資産購入データ 固定資産売却データ
連結手続上の税効果	実効税率

7　データ収集方法の検討

　各社から収集すべき項目が決まったら，収集方法を検討します。
　前述のとおり，各社の会計システムから出力してそのまま取り込めるのであれば，そのままの出力したデータを送ってもらうこととし，**別の収集パッケージなどは利用しないほうがよい**でしょう。「月次連結」はスピードが肝心なので，エクセルなどの収集シートに入力することで，入力の誤りやスピードの低下のおそれがあるからです。
　しかしながら，簡便的に「月次連結」を行う場合には，簡便的な収集パッケージを構築してそれに各社にデータを登録してもらうという方法も考えられます。
　それでは，それぞれの収集方法を確認しておきましょう。

(1) 簡便的なエクセル収集シートを利用する場合

　科目の粒度が制度決算に比して粗く，収集項目が少ない場合には，エクセル収集シートを作成して各社からデータ収集を行う方法があります。
　エクセル収集シートを利用する場合，個別財務諸表を収集するための勘定科目は連結ベースで分析したい科目のみを別建てにし，それ以外は集約した科目としている会社が多いようです。「制度連結」とは別にエクセル収集パッケージを作成するので，子会社の入力負担を低くするには入力科目は少ないほうがよいからです。逆に内容を詳細に分析したい科目については，実務上の支障がない程度に細分化するとよいでしょう。
　例えば，製造業の場合であれば，売上原価について，形態別に分類して連結ベースで分析したいというニーズがあります。その場合には，あらかじめ売上原価を「材料費」「労務費」「経費」の単位で項目別に分解しておくとよいでしょう。

また，売上高を製品別もしくはサービス別に分解した情報を集めたい場合には，製品やサービスの数が少ない場合は，勘定科目を細分化する方法もあります。製品やサービスの数が多い場合には，勘定科目の細分化ではなく，例えば「売上高明細」などの別のエクセルシートでデータを集めることをお勧めします。

　細かい単位まで勘定科目を細分化してしまうと，子会社が個別財務諸表の数値を報告する際に，詳細科目まで入力しないと入力完了できないことになってしまい，子会社からのデータ提出が遅れてしまう可能性があるからです。

　よって，科目明細などは本体の個別財務諸表とは別に内訳表として入手するほうがよいでしょう。その場合はファイルもしくはシートが分かれてしまうため，必ず内訳明細の合計額と，個別財務諸表の科目金額が一致するようチェックをかけるのを忘れないようにしてください。

図表3-7-1　製造業の場合の売上高，売上原価の項目イメージ

データ収集科目	金額
製品売上高	1,000,000
製品売上原価	500,000
期首製品棚卸高	100,000
当期製品製造原価	600,000
材料費	100,000
労務費	400,000
経費	200,000
当期総製造費用	700,000
期首仕掛品棚卸高	200,000
期末仕掛品棚卸高	△300,000
期末製品棚卸高	△200,000

※網掛けは計算値

　また，内部取引データなどのその他のデータについても，各社からデータを

収集するためのフォーマットを作成して，それに必要な情報を入力してもらうよう準備しておく必要があります。

(2) 会計システムから出力したデータをそのまま収集する場合

　各社に「月次連結」の負担をあまりかけないためには，個別会計システムから出力したデータをそのまま送ってもらうという方法があります。

　連結財務諸表よりもさらに細かいレベルでの勘定科目で収集できるため，連結ベースで分析するときに役立ちます。

　ただ，この場合は，各社から集めたデータをどのように連結精算表に反映させるかをあらかじめ検討しておく必要があります。

　検討ステップは以下のとおりです。

① (ステップ1)　各社の会計システムを調査する

　各社が利用している個別会計システムが何かを調査し，試算表がどのような形式で出力できるかを確認します。

　実際，出力したファイル（CSVファイルまたはテキストファイル）を送ってもらい，具体的に確認したほうがよいでしょう。また，月次データは単月データ，累計月次データどちらも出力できるのか，それともどちらかしか出力できないかについても確認が必要です。

② (ステップ2)　内部取引データの利用可否を検討する

　試算表と同様に各社の個別会計システムから，内部取引データが出力できるかどうかを確認します。出力できる場合には，出力したファイル（CSVファイルまたはテキストファイル）を入手し，具体的に取込方法を検討しておく必要があります。

③ (ステップ3) 科目コード対比表，会社コード対比表を作成する

各社の単体の科目コードおよび会社コードを連結精算表科目コードおよび連結会社コードに変換するための対比表を作成します。

1対1である必要はなく，連結上は集約して集計することもありますので，n対1でもかまいません。肝心なのは，この対比表の作成主体を親会社連結担当とするか，子会社担当とするかという点です。将来的なことを考えると，子会社担当に主体的に作成してもらい，その後のメンテナンス（個別科目が増えた場合の対応など）も子会社担当にその都度実施してもらうことが理想的です。

ただ，子会社担当に任せてしまうことで，連結側で意図しない科目に対比されてしまうおそれもあるため，子会社の状況やスキルレベルに応じて，親会社または子会社のどちらで対比表を作成するかを決定する必要があります。

これから「月次連結」のしくみを構築する場合，最初の段階では，親会社側でコード変換を一括管理し，しくみ構築が完了し，運用が定着してきてから子会社側にコード変換の管理を移管していくという方法がよいでしょう。

④ (ステップ4) データ取込確認

対比表が作成できたら，対比表に基づいて個別会計システムから出力したファイルをコード変換し，連結側に取り込みます。

連結会計システムを利用している場合には，連結会計システム側で取り込める形式が決まっているか，もしくは子会社フォーマットを登録することで出力ファイルをそのまま取り込むことができますので，連結会計システムの仕様に基づいて取込設定を行ってください。

エクセルを利用して「管理連結」を実施する場合には，エクセルのVLOOKUP関数やSUMIF関数などを使って，コード変換と集計を行い，その金額が単純合算表に反映できるよう，準備しておく必要があります。

8　月次連結財務諸表の作成

月次（実績）連結を実施する場合に，連結会計システムを利用するケースとエクセルで実施するケースでのそれぞれの留意点を確認しておきましょう。

(1) 連結会計システムを利用するケース

月次（実績）連結を実施する場合，以下のステップで設定および作成を行います。

① （ステップ1）　マスタの整備

各社から収集した試算表や内部取引データなどを月次で登録するための場所を設定します。通常，連結会計システムではマスタの設定をすることで月次の登録ができる「箱」を作成することができます。

② （ステップ2）　自動仕訳機能の利用設定

各連結消去・修正仕訳について，連結会計システムで自動仕訳を作成できる場合には，どのようなルールで自動仕訳を作成するかを検討し，検討結果に応じてマスタ設定をしておく必要があります。連結会計システムによっては，制度決算とは別の自動仕訳パターンを登録できるものもありますので，もし，制度とは異なる設定を実施したい場合には，マスタ設定を追加する必要があります。

逆に「制度連結」と同じ仕訳でよいのであれば，制度連結で利用しているマスタ設定をそのまま「管理連結」でも利用することができます。

③ （ステップ3）　各社データの登録

各社から収集したデータ（試算表，内部取引データ，在庫データ）をシステ

ムに登録します。

④ （ステップ4） 連結消去・修正仕訳の登録

連結消去・修正仕訳のうち，月次（実績）連結で必要となる仕訳を登録します。自動仕訳を利用している場合には，自動仕訳結果を確認し，自動仕訳を利用していない場合には手入力仕訳として登録します。

⑤ （ステップ5） 月次連結財務諸表の確認

月次連結財務諸表を出力し，内容を確認します。

(2) エクセルを利用するケース

連結会計システムを利用しておらず，エクセルを利用して「管理連結」を実施する場合には，あらかじめ「月次連結」を実施するための，連結精算表エクセルを作成しておく必要があります。

「制度連結」で利用しているエクセルファイルがあるのであれば，それを転用することも可能です。管理会計はスピードが重要ですので，できるだけ手作業をなくし，各子会社から連結上必要なデータが集まったら，すぐに連結財務諸表が作成できるようなしくみを構築しておく必要があります。

「月次連結」をエクセルで実施する場合は，各社から集めたデータを連結精算表エクセルに貼り付けることで，そこから単純合算や連結消去・修正仕訳に反映できるよう，エクセルの関数を使ってあらかじめ設定しておくとよいでしょう。

① （ステップ1） 連結精算表エクセルの準備

「月次連結」で必要となる科目体系を決め，連結精算表エクセルに科目を設定します。この時，できるだけエクセルの関数を利用して手作業がないように作業を進めるためにはコードを付けていたほうが便利です。適当なコードを設

定して，科目コード・科目名称を併記しておきましょう。

列項目は，連結会社数が少ない場合には，各社の個別財務諸表数値を並べ，それらを単純合算した後に，連結消去・修正仕訳を列ごとに反映できるような形式としておきます。連結精算表サンプルは以下のとおりです。

<連結精算表>

	科目	親会社	A社	単純合算	のれん償却	当期純利益の按分	配当金の相殺	損益取引の消去	未実現利益の消去（棚卸資産）	未実現利益の消去（固定資産）	連結財務諸表
10	売上高	(225,000)	(150,000)	(375,000)				50,000			(325,000)
20	売上原価	100,000	67,500	167,500				(50,000)	5,500		123,000
	売上総利益	(125,000)	(82,500)	(207,500)	−	−			5,500	−	(202,000)
30	人件費	70,000	44,000	114,000							114,000
31	減価償却費	8,000	4,000	12,000						(100)	11,900
32	その他販売費および一般管理費	18,000	11,000	29,000							29,000
33	のれん償却費	−	−	−	1,000						1,000
	営業利益	(29,000)	(23,500)	(52,500)	1,000	−	−	−	5,500	(100)	(46,100)
40	受取利息	(2,000)	(800)	(2,800)							(2,800)
41	受取配当金	(8,000)		(8,000)			8,000				−
50	支払利息	1,000	300	1,300							1,300
	経常利益	(38,000)	(24,000)	(62,000)	1,000	−	8,000	−	5,500	(100)	(47,600)
60	特別損益	(6,000)	−	(6,000)						6,000	−
	税前利益	(44,000)	(24,000)	(68,000)	1,000	−	8,000	−	5,500	5,900	(47,600)
70	法人税等	8,000	4,000	12,000							12,000
80	非支配株主利益	−	−	−		4,000	2,000		(1,100)		4,900
	当期純利益（親会社株主利益）	(36,000)	(20,000)	(56,000)	1,000	4,000	10,000	−	4,400	5,900	(30,700)

※ 貸方金額は（ ）で示しています

② (ステップ2) 各社個別財務諸表(試算表)から単純合算表への反映

各社から集めたデータを貼り付けることで，各社単純合算列にデータが反映されるようにエクセル関数を設定しておく必要があります。

9(2)「簡単な数値例での確認」にて，具体的な関数を記載していますので参考にしてください。各社単体の勘定科目コードから連結科目コードに変換して集計できるよう，エクセルで準備しておくことで，各社から個別財務諸表データが上がってきたらすぐに単純合算まではできるような準備をしておくことが重要です。

③ (ステップ3) 連結消去・修正仕訳の反映

単純合算と同様に連結消去・修正仕訳についてもできるだけ手作業を行わない工夫が必要です。主な連結消去・修正仕訳について，以下を参考にしてください。

(のれんの償却)

連結上ののれんが存在し，「月次連結」でのれん償却仕訳を実施する場合，あらかじめ当期ののれん償却額(連結上ののれん)を記入しておき，1か月当たりの償却額を求めておきます。これに当月の月数を乗じて償却費の計算ができるようなシートを準備しておきます。

(当期純利益の按分)

外部株主が存在する場合で，当期純利益の按分仕訳を「月次連結」でも取り込む場合，各社から入力された当期純利益のうち外部株主分を非支配株主損益に振り替える仕訳が必要となります。各社の当期純利益は上記の単純合算列から取得できるため，各社の持分比率を登録することで当期純利益の按分金額を計算することができます。

（内部取引消去）

　連結会社間の内部取引消去については，各社から収集したデータに基づいて内部取引額を集計し，それを連結精算表に反映させるように設定をしておきます。

　簡便的に「月次連結」を実施する場合，収益側だけのデータを集めて突合はせずに消去するという方法もあります。その場合には，各社ごとに仕訳を行う必要はなく，各社から集めた収益側の科目および金額を全社分集計した金額を，連結精算表シートの内部取引消去欄に反映させます。

（未実現利益の消去）

　「月次連結」において未実現利益の消去仕訳を取り込む場合，在庫金額のうち連結会社から仕入れた金額を各社から収集します。この在庫金額に，売却側の利益率を乗じて未実現損益を計算している場合，各社から収集した在庫金額を入力することで未実現利益が計算できるようなシートを作成しておき，そのシートで計算された金額を連結精算表の未実現利益消去欄に反映させます。

④　（ステップ４）　月次連結損益計算書の確認

　連結精算表シートの一番右側の列が月次連結財務諸表金額となります。

　予算金額との比較や，前年同月との比較などを行いたい場合や，経営者報告用のレポートに転記が必要な場合は，できるだけ同じエクセル内で数値を反映できるようにしておき，何度も別ファイルへの転記作業をしなくて済むような工夫が必要です。報告用形式が別ファイルとなってしまった場合には，ファイル間リンクはできるだけ使用せず，連結精算表シートで作成された金額を別のファイルに貼り付けするような形式にしておくとよいでしょう。

9 月次連結損益計算書の作成手順例

「制度連結」と「管理連結」でまったく同じ仕訳を登録する必要はないため，簡略化した仕訳を登録することも可能です。参考までに連結消去・修正仕訳を簡略化して「月次連結」を実施する場合の月次連結損益計算書の作成手順例を記載します。

(1) 「月次連結」の実施方針（例）

① 作成する財務諸表の範囲
「月次連結」では連結損益計算書のみを作成します。

② 単体月次決算で取り込む内容

項目	計上方針
減価償却費の計上	年間計上予定額を月割計上
その他費用・収益の見越し繰延	年間支払（受取）額がある場合で，金額的影響が大きいもののみ年間予定額を月割計上
当月請求額の計上	当月請求額は翌月営業日4日までに到着した請求書のみ当月費用として計上
その他	各社においてその他重要な損益取引がある場合は月単位で見込計上

③ 科目粒度
連結財務諸表は集約した科目で表示します。ただし，各社から収集する科目は単体の個別会計システムの科目のままとします（連結組替は親会社側で実施）。

④ 連結消去・修正仕訳

各連結消去・修正仕訳の対応方針は以下のとおりです。

連結消去・修正仕訳	連結仕訳計上有無	管理会計上の手続（参考）
投資と資本の消去	×	新規連結時の「のれん」のみ認識
当期純利益の按分	○	子会社当期純利益×外部株主持分比率
配当金の相殺	○	親会社（投資会社）の受取配当金の金額に基づき消去
のれんの償却	○	のれん管理表を作成し，年間償却予定額を月割計上
債権債務の消去	×	損益に影響ないため省略
貸倒引当金の調整	×	債権を消去しないので省略
損益取引の消去	○	売上高（売上原価）のみを消去 当月のグループ内売上高のみを収集し，その金額で消去（仕入側との突合は行わない）
未実現利益の消去	○	グループ会社から仕入れた在庫金額×売却側利益率を消去 固定資産売却益が計上されている場合は当該金額を消去 償却性資産の未実現利益がある場合には，減価償却費の当月分を調整
税効果調整仕訳	×	省略

⑤ データ収集項目

連結損益計算書のみを作成するので，以下の項目を収集します。

収集項目	備考
損益計算書	累計月次データを収集
内部取引データ	売上高のうち，連結会社向けの金額を相手会社別に収集 受取配当金のうち，連結会社から受け取った額を収集
在庫データ	在庫金額（商品，材料など）のうち，連結会社から仕入れた金額を収集 なお，正確に把握できない場合は，在庫金額×連結会社仕入率（連結会社からの仕入高÷当月仕入高）を利用して簡便的に計算
固定資産売買データ	連結会社間で固定資産売買を実施している場合に，購入側および売却側の連結会社間の固定資産購入高・売却高および売却損益データを収集

⑥ データ収集方法

試算表は個別会計システムから出力したデータを入手し，それ以外は簡便的なエクセルを利用して各社から情報を収集します。

(2) 簡単な数値例での確認

それでは，(1)の方針を前提として，簡単な数値例で確認しておきましょう。

<設例>
・当社およびA社は3月決算会社である。
・当社はX0年度期末にA社株式の80％を取得し，連結子会社としている。
・「月次連結」は連結損益計算書（当期純利益まで）を作成している。
・当初のれん発生額は120,000円であり，X1年度期首から10年で定額償却する。
・A社は当社に商品を販売している（当社からA社への商品販売はない）。
・親会社の受取配当金は全額A社から受け取ったものである。
・親会社の当月末商品残高には，A社から仕入れたものが10,000円存在する。
・親会社が当月計上した特別利益6,000円は，全額A社に対して車両を売

却した際の固定資産売却益である。

当期はX2年度であり，4月（1か月）の「月次連結」による連結損益計算書を作成しなさい。

① **事前準備**

A社からは以下のデータを収集します。
・個別会計システムから出力した試算表（※1）
・内部取引データ（※2）
・固定資産購入明細および償却データ（※3）

（※1） A社試算表（個別会計システムから出力）

科目コード	科目名	前月残高	借方金額	貸方金額	当月残高
401	商品売上	0		100,000	100,000
402	関係会社売上	0		50,000	50,000
40	売上高計	0	0	150,000	150,000
501	当期商品仕入高	0	50,000		50,000
502	期首商品棚卸高	0	9,500		9,500
503	期末商品棚卸高	0		20,000	－20,000
504	外注費	0	28,000		28,000
50	売上原価	0	87,500	20,000	67,500
60	売上総利益	0	82,500		82,500
701	給与	0	30,000		30,000
702	賞与	0	8,000		8,000
703	福利厚生費	0	6,000		6,000
704	広告宣伝費	0	3,000		3,000
705	貸倒引当繰入額	0	100		100
706	水道光熱費	0	2,000		2,000
707	交際接待費	0	1,900		1,900
708	支払手数料	0	4,000		4,000
709	減価償却費	0	4,000		4,000
70	販管費合計	0	59,000	0	59,000
79	営業利益	0	23,500		23,500

801	受取利息	0		800	800
802	受取配当金	0			0
80	営業外収益計	0	0	800	800
811	支払利息	0	300		300
81	営業外費用計	0	300	0	300
82	経常利益	0	24,000		24,000
851	その他特別利益	0		0	0
85	特別利益計	0	0	0	0
861	減損損失	0	0		0
862	その他特別損失	0	0		0
86	特別損失計	0	0	0	0
90	税前当期純利益	0	24,000		24,000
901	法人税・住民税及び事業税	0	4,000		4,000
902	法人税等調整額	0			0
99	当期純利益	0	20,000	0	20,000

なお，A社の試算表を連結損益計算書に反映させるために，コード変換表もあらかじめ作成しておく必要があります。

(「A社コード変換表」シート)

科目コード	科目名	貸借			変換先科目
401	商品売上	−1	貸方	10	売上高
402	関係会社売上	−1	貸方	10	売上高
501	当期商品仕入高	＋1	借方	20	売上原価
502	期首商品棚卸高	＋1	借方	20	売上原価
503	期末商品棚卸高	＋1	借方	20	売上原価
504	外注費	＋1	借方	20	売上原価
701	給与	＋1	借方	30	人件費
702	賞与	＋1	借方	30	人件費
703	福利厚生費	＋1	借方	30	人件費
704	広告宣伝費	＋1	借方	32	その他販売費及び一般管理費
705	貸倒引当繰入額	＋1	借方	32	その他販売費及び一般管理費
706	水道光熱費	＋1	借方	32	その他販売費及び一般管理費
707	交際接待費	＋1	借方	32	その他販売費及び一般管理費
708	支払手数料	＋1	借方	32	その他販売費及び一般管理費

709	減価償却費	＋1	借方	31	減価償却費
801	受取利息	−1	貸方	40	受取利息
802	受取配当金	−1	貸方	41	受取配当金
811	支払利息	＋1	借方	50	支払利息
851	その他特別利益	−1	貸方	60	特別損益
861	減損損失	＋1	借方	60	特別損益
862	その他特別損失	＋1	借方	60	特別損益
901	法人税・住民税及び事業税	＋1	借方	70	法人税等
902	法人税等調整額	＋1	借方	70	法人税等

（※2） A社の内部取引データ（エクセルパッケージで収集）

勘定科目		相手会社	金額
402	関係会社売上	親会社	50,000円

（※3） 固定資産購入明細および償却データ（エクセルパッケージで収集）

固定資産のうち，連結会社から購入したものの金額

取得日	相手会社	資産科目	取得金額	残存価額	償却年数	償却方法
4月1日	親会社	車両	5,000,000	0	5年	定額法

② 月次連結損益計算書の作成

※1　A社試算表の反映

　エクセルで「月次連結」を実施する場合,「A社試算表貼付」シートおよび「A社コード変換」シートをそれぞれ持たせ,「A社試算表貼付」シートに貼り付けた結果を連結精算表に集計できるよう，エクセル関数を利用して設定を行っておきます。

＊1　SUMIF関数を用いて，A列のコードをキーとして,「A社試算表」の金額データを集計しています。

　　例えば，＜連結精算表シート＞D2の「(150,000)」（売上高の金額）には，次の式が入っています。

　　　　=SUMIF（A社試算表貼付!$J:$J, $A2, A社試算表貼付!$L:$L）

<連結精算表シート>

	A	B	C	*1 D	E	F	G	H	I	J	K	L
				※1		※2	※3	※3	※4	※5	※6	※7
1		科目	親会社	A社	単純合算	のれん償却	当期純利益の按分	配当金の振替	損益取引の消去	未実現利益の消去（棚卸資産）	未実現利益の消去（固定資産）	連結財務諸表
2	10	売上高	(225,000)	(150,000)	(375,000)				50,000			(325,000)
3	20	売上原価	100,000	67,500	167,500				(50,000)	5,500		123,000
4		売上総利益	(125,000)	(82,500)	(207,500)	−	−	−	−	5,500	−	(202,000)
5	30	人件費	70,000	44,000	114,000							114,000
6	31	減価償却費	8,000	4,000	12,000						(100)	11,900
7	32	その他販売費および一般管理費	18,000	11,000	29,000							29,000
8	33	のれん償却費	−	−	−	1,000						1,000
9		営業利益	(29,000)	(23,500)	(52,500)	1,000	−	−	−	5,500	(100)	(46,100)
10	40	受取利息	(2,000)	(800)	(2,800)							(2,800)
11	41	受取配当金	(8,000)	−	(8,000)			8,000				−
12	50	支払利息	1,000	300	1,300							1,300
13		経常利益	(38,000)	(24,000)	(62,000)	1,000		8,000		5,500	(100)	(47,600)
14	60	特別損益	(6,000)	−	(6,000)						6,000	−
15		税前利益	(44,000)	(24,000)	(68,000)	1,000	−	8,000		5,500	5,900	(47,600)
16	70	法人税等	8,000	4,000	12,000							12,000
17	80	非支配株主利益	−	−	−		4,000	2,000		(1,100)		4,900
18		当期純利益（親会社株主利益）	(36,000)	(20,000)	(56,000)	1,000	4,000	10,000	−	4,400	5,900	(30,700)

※ 貸方金額は（ ）で示しています

(「A社試算表貼付」シート)

*2

	A	B	C	D	E	F	G	H	I	J	K	L
1	科目コード	科目名	前月残高	借方金額	貸方金額	当月残高		貸借			変換先科目	貸借金額
2	401	商品売上	0		100,000	100,000		−1	貸方	10	売上高	−100,000
3	402	関係会社売上	0		50,000	50,000		−1	貸方	10	売上高	−50,000
4	40	売上高計	0	0	150,000	150,000						
5	501	当期商品仕入高	0	50,000		50,000		+1	借方	20	売上原価	50,000
6	502	期首商品棚卸高	0	9,500		9,500		+1	借方	20	売上原価	9,500
7	503	期末商品棚卸高	0		20,000	−20,000		+1	借方	20	売上原価	−20,000
8	504	外注費	0	28,000		28,000		+1	借方	20	売上原価	28,000
9	50	売上原価	0	87,500	20,000	67,500						
10	60	売上総利益	0	82,500		82,500						
11	701	給与	0	30,000		30,000		+1	借方	30	人件費	30,000
12	702	賞与	0	8,000		8,000		+1	借方	30	人件費	8,000
13	703	福利厚生費	0	6,000		6,000		+1	借方	30	人件費	6,000
14	704	広告宣伝費	0	3,000		3,000		+1	借方	32	その他販売費および一般管理費	3,000
15	705	貸倒引当金繰入額	0	100		100		+1	借方	32	その他販売費および一般管理費	100
16	706	水道光熱費	0	2,000		2,000		+1	借方	32	その他販売費および一般管理費	2,000
17	707	交際接待費	0	1,900		1,900		+1	借方	32	その他販売費および一般管理費	1,900
18	708	支払手数料	0	4,000		4,000		+1	借方	32	その他販売費および一般管理費	4,000
19	709	減価償却費	0	4,000		4,000		+1	借方	31	減価償却費	4,000
20	70	販管費合計	0	59,000	0	59,000						
21	79	営業利益	0	23,500		23,500						
22	801	受取利息	0		800	800		−1	貸方	40	受取利息	−800
23	802	受取配当金	0			0		−1	貸方	41	受取配当金	0
24	80	営業外収益計	0	0	800	800						
25	811	支払利息	0	300		300		+1	借方	50	支払利息	300
26	81	営業外費用計	0	300	0	300						
27	82	経常利益	0	24,000		24,000						
28	851	その他特別利益	0		0	0		−1	貸方	60	特別損益	0
29	85	特別利益計	0	0	0	0						
30	861	減損損失	0	0		0		+1	借方	60	特別損益	0
31	862	その他特別損失	0	0		0		+1	借方	60	特別損益	0
32	86	特別損失計	0	0	0	0						
33	90	税前当期純利益	0	24,000		24,000						
34	901	法・住税及事税	0	4,000		4,000		+1	借方	70	法人税等	4,000
35	902	法人税等調整額	0			0		+1	借方	70	法人税等	0
36	99	当期純利益	0	20,000	0	20,000						

＊2　セルA1にA社から入手した試算表を貼り付け，H列～K列は，「コード変換」シートに基づいて必要なコードを表示するように関数を登録しておきます。

例えば，K2の「売上高」のセルには，次の式が入っています。

> ＝VLOOKUP（$A2，A社コード変換表!$A：$F，6，FALSE）

また，L列でF列の金額にH列の貸借を乗じた金額を表示し，これを「連結精算表」シートに反映させています。

※2　のれん償却

あらかじめ「のれん償却額計算シート」を作成しておき，当月償却額を連結精算表に反映させます。

図表3-9-1　のれん償却額計算シート

当初発生額	償却月数	1か月当たり償却額	期首残高	期首残存月数	当月月数	当月償却額	当月末残高
120,000	120か月	1,000	108,000	108か月	1か月	1,000	107,000

※3　当期純利益の按分，配当金の振替

子会社ごとに持分計算シートを作成し，当期純利益の非支配株主持分への按分額および配当金の非支配株主への按分額を計算しておき，それを連結精算表に反映させます。

図表3-9-2　持分計算シート

	A社純資産			持分比率		持分計算	
	資本金	利益剰余金	純資産計	親会社	外部会社	親会社	外部会社
期首	50,000	50,000	100,000	80%	20%	80,000	20,000
当期純利益	—	20,000	20,000	80%	20%	16,000	4,000
配当	—	△10,000	△10,000	80%	20%	△8,000	△2,000
期末	50,000	60,000	110,000	80%	20%	88,000	22,000

※4　損益取引の消去

　今回の設例では，A社から親会社向けの売上高のみであるため，A社報告金額で消去します。

	勘定科目	相手会社	金額
402	関係会社売上	親会社	50,000円

　なお，複数子会社がある場合には，各社からグループ会社向けの売上高データを集め，それらを集計した金額で消去します。なお，売上高だけでなく受取配当金等の内部取引高も同様です。その際の集計シートは【図表3-9-3】を参考にしてください。

図表3-9-3　損益取引集計シート（サンプル）

関係会社売上高	親会社	A社	B社	C社	D社	合計
親会社						0
A社	50,000					50,000
B社						0
C社						0
D社						0
合計						※　50,000

※各社の合計金額が各勘定勘定科目の内部取引消去金額となります。

※5 未実現利益の消去（棚卸資産）

親会社の在庫のうち，一部がA社から仕入れたものであるため，これに含まれる未実現利益を計算して消去します。

なお，今回の設例においては，A社側の利益率はA社の個別財務諸表の売上総利益率を用います。また，A社には外部株主が20％存在するため，未実現消去額のうち20％を非支配株主持分に按分する仕訳も同時に行います。

図表3-9-4　未実現損益計算シート

販売会社＼在庫会社	親会社	A社	合計①	売上高	売上原価	売上総利益	売上総利益率②	未実現利益額①×②	外部者持分比率	外部者持分
親会社	—	0	0	225,000	100,000	125,000	55.56％	0	—	0
A社	10,000	—	10,000	150,000	67,500	82,500	55％	5,500	20％	1,100
合計	10,000	0	10,000	—	—	—	—	5,500	—	1,100

※6 未実現利益の消去（固定資産）

A社は当期の期首に親会社から車両を取得し，それの減価償却を実施しているため，親会社が計上した売却益を消去するとともに，未実現利益に伴う減価償却費の修正も行います。固定資産未実現消去に関連する仕訳は今後も必要となるため，固定資産未実現償却シートを作成して，減価償却費の調整額をあらかじめ算定しておきます。

図表3-9-5　固定資産未実現償却シート

売却会社	取得会社	取得日	資産科目	未実現利益額	残存価額	償却年数	償却方法	1か月あたり償却額	当月月数	当月償却額	外部者持分比率	外部者持分
親会社	A社	4月1日	車両	6,000	0	5年	定額法	100	1か月	100	—	0

※7　連結財務諸表（連結損益計算書）

　連結精算表において，試算表の合算および連結消去・修正仕訳を反映させた結果，「月次連結」における連結財務諸表（連結損益計算書）が完成します。

第4章 予算連結の進め方

1 予算連結の進め方

「予算連結」を実施する方法として，以下の2通りの進め方があります。

> ① 各社予算データを合算して連結予算を作成する方法
> ② まずは連結予算を作成し，それを各セグメント，各社に配分する方法

単体の管理会計の手法に当てはめて考えてみると，各部門からのボトムアップで予算を構築する方法と同じような考え方が「①各社予算データを合算して連結予算を作成する方法」であり，経営者からのトップダウンで予算を構築する方法が「②まずは連結予算を作成し，それを各セグメント，各社に配分する方法」ということになります。

「管理連結」の目的が各社の予算実績管理であるならば，①の各社予算データを合算して連結予算を作成する方法で「予算連結」を実施します。なお，この場合は管理対象が連結ではなく単体なので，「予算連結」においては連結消去・修正仕訳を行うことは必須ではありません。

また，「管理連結」の目的が連結ベースの業績向上，目標管理であるならば，本来は②まずは連結予算を作成，それを各セグメント，各社に配分する方法が望ましいと思われます。なぜなら，各社が作成した予算を合算して作成しても連結ベースでの目標予算とはならず，単なる足し算に過ぎないからです。連結全体でどのくらいの売上高，利益を目標とするのかを決め，それを連結に含まれる各セグメント，各社に配分することで，連結ベースの目標管理を行うことができます。

「管理連結」の目標を連結ベースでの最適な資源配分とした場合も同様です。現在の連結ベースでの資源（人的資源，物的資源）をどのセグメント，どの会社に配分するかは経営者の方針によります。よって，各社から予算を集めるの

ではなく，今後の連結グループとしての戦略や過去の実績等に基づいて連結予算を先に作成し，それを各セグメント，各社に配分していくという方法もあります。

図表 4 - 1 - 1　予算連結の作成方法

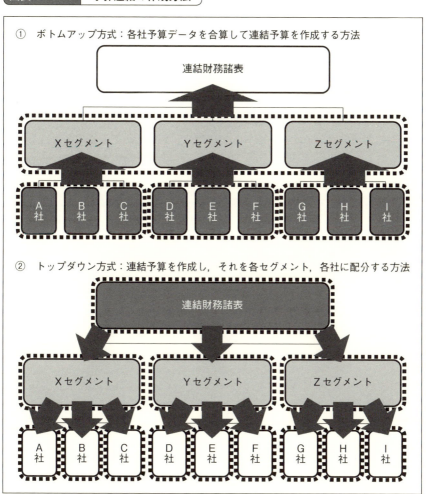

連結グループ経営を目的とするならば，連結グループとしての予算をまずは構築し，それを各セグメント別に配賦し，各セグメント予算をそのセグメントに属する各社に配分して今年度の各社予算を決定するという②トップダウン方式が理想的だと考えられます。しかしながら，連結予算をトップダウン方式で策定しているグループ企業はまだまだ少ないようです。理想形が②トップダウン方式だとしても，①ボトムアップ方式を実施することに意味はあります。グループ経営といえども最小単位は「1企業」であるため，グループ全体の業績を上げるためには，そのグループに含まれる「1企業」の業績を上げることが必要と考えられるからです。

　これから「管理連結」の中の「予算連結」のしくみを構築しようとするグループ会社においては，まずは，ボトムアップ方式から始めてみるのもよいでしょう。ボトムアップ方式で各社予算を集め，それらを換算・合算し，内部取引消去等を行って連結財務諸表の予算データを作成，その後実績値と比較していくという流れで「予算連結」を進めてみることをお勧めします。

　本書では，「①各社予算データを合算して連結予算を作成する方法」を前提に，実施手順のポイントを解説していきます。

2　各社予算の連結

ボトムアップ方式を前提として「予算連結」を実施する場合，まずは，親会社および子会社が各単体にて作成している予算データを収集して連結作業を実施します。また，予算連結において連結グループ間での内部取引消去仕訳や未実現消去仕訳を反映させたい場合には，どのように予算連結に取り込むデータを作成するかを検討します。

(1)　内部取引計画

各子会社の単体予算のうち，連結グループ内に対する売上高等をどれだけ想定しているかを確認します。予算額を金額ではなく，過去の売上割合などから計算して出す場合もあります。

(2)　在庫計画

毎月の在庫金額として，どの程度を想定しているかを確認します。内部取引計画と同様に，金額ではなく過去の在庫割合や保有在庫率などから計算して出す方法もあります。

図表 4-2-1　予算連結で必要となる各社数値

項目	検討事項
個別財務諸表 （貸借対照表，損益計算書）	損益計算書のみとするか，貸借対照表も作成するか
内部取引計画	上記予算のうち，内部取引計画高はいくらか 金額で計画値を組めない場合は，過去の仕入率などに基づいて計算する
在庫計画	毎月の在庫計画はいくらか 金額で計画値を組めない場合は，過去の在庫保有率などに基づいて計算する

3 科目体系の検討

　各社がどのような科目体系で予算データを作成しているかは、各社の予算データの作り方にもよるため、グループ全体で作り方や勘定科目を統一していない限り、通常は各社それぞれの科目体系で予算を立てています。よって、各社から予算データを集めて「予算連結」を作成する場合には、各社から収集する予算データの科目をまずは決定しなければなりません。

　「予算連結」で必要な科目については、連結グループ全体でどのような単位で計画を立て、何を分析して今後の改善活動につなげていくのかによります。

　「管理連結」の目的を各社予算に対する実績の進捗確認と位置づけるのであれば、「予算連結」で必要な科目は、月次実績データの勘定科目と同一もしくはそれらを集約した科目体系となります。

　例えば売上高や売上原価について、「管理連結」では製品別やサービス別に細かく分解して管理したいという場合には、「予算連結」の売上高も製品別、サービス別に分解してデータを集めなければなりません。

　また、販売費及び一般管理費について、主要な科目については予算と実績で比較をして管理していきたいという場合には、「予算連結」においても分析する主要な科目だけはデータを集めなければなりません。

　このように、**「管理連結」の目的や予算データと実績データとの比較分析をどのレベルで行うかに基づいて予算データの科目体系を決定し、その科目体系で各社からデータを収集する必要があります。**

図表4-3-1　予算連結科目の考え方（連結ベース）

財務諸表	大項目	主要項目
損益計算書	売上高	（製品別，サービス別，仕向地別）
	売上原価	（製品別，サービス別，仕向地別など）
	販売費及び一般管理費	人件費 減価償却費 広告宣伝費
	営業外損益	受取配当金 支払利息
貸借対照表	資産	売掛金
		棚卸資産
		固定資産
	負債	借入金

4 連結消去・修正仕訳の検討

「予算連結」を実施する際，連結消去・修正仕訳のうち，何をどのように「予算連結」に反映させるかをあらかじめ検討しておく必要があります。

「予算連結」の目的を，各社単体予算の進捗状況の確認と位置づけるのであれば，連結消去・修正仕訳を作成する必要はなく，単体での予算データの合算のみで目的を達成することは可能です。一方，「予算連結」の目的を，連結ベースでの実績の進捗状況の確認と位置づけるのであれば，「予算連結」においても何らかの形で連結消去・修正仕訳を反映させる必要があります。

連結消去・修正仕訳のうち，何を取り込むかについては，**「管理連結」上で管理対象としたい科目に連結消去・修正仕訳がどれだけ影響を及ぼすかにもよります**。「管理連結」において，連結ベースでの損益管理から始めるのであれば，**各連結消去・修正仕訳の段階利益への影響を確認し，どの連結消去・修正仕訳を反映するかを検討します**。

図表 4-4-1　連結消去・修正仕訳の段階利益に及ぼす影響

連結消去・修正仕訳	売上総利益	営業利益	経常利益	税引前当期純利益	当期純利益	親会社に帰属する当期純利益
投資と資本の消去	なし	なし	なし	なし※1	なし※1	なし※1
のれんの償却	なし	あり	あり	あり	あり	あり
当期純利益の非支配株主への按分	なし	なし	なし	なし	なし	あり
その他の包括利益の非支配株主への按分	なし	なし	なし	なし	なし	なし
配当金の相殺	なし	なし	あり	あり	あり	あり
債権債務の消去	なし	なし	なし	なし	なし	なし
貸倒引当金の調整	なし	あり	あり	あり	あり	あり
損益取引の消去	なし※2	なし※2	なし※2	なし	なし	なし
未実現利益の消去	あり	あり	あり	あり	あり	あり
税効果の調整	なし	なし	なし	なし	あり	あり
持分法適用仕訳	なし	なし	あり	あり	あり	あり

※1　負ののれん（投資と資本の消去の際の貸方差額）が生じた場合は，特別利益となり，税引前当期純利益以降の損益に影響があります。
※2　損益取引の消去は，段階利益をまたがる場合もあります。

「予算連結」を実施する際，どの連結財務諸表を作成するのかによって，必要となる連結消去・修正仕訳の範囲が異なります。「予算連結」において連結損益計算書のみを作成するのであれば，段階利益に影響を及ぼす仕訳を反映させればよく，さらには「予算連結」で作成する連結損益計算書が当期純利益までではなく，営業利益や経常利益までの場合には，必要となる連結消去・修正仕訳はもっと少なくなります。

金額の影響度等を加味したうえで，「予算連結」に含めるべき連結消去・修正仕訳を決定し，その後，当該仕訳の作成方法を検討します。

5 連結消去・修正仕訳の作成方法

「予算連結」で実施する連結消去・修正仕訳の内容が決まったら，次にその仕訳の作成方法を検討します。

(1) 投資と資本の消去

「予算連結」において連結損益計算書のみを作成する場合には，投資と資本の消去仕訳は不要です。ただ，新たな子会社取得を予定しているような場合で多額ののれんが発生する可能性があるような場合は，連結損益計算書にはのれん償却の影響があるため，あらかじめその額のみを見込んでおく必要があります。また，連結除外会社がある場合にも，それによって連結損益計算書への影響があります。これも，あらかじめその概算額等を見込むことができる場合には，それを計算して「予算連結」に取り込んでおく必要があります。

「予算連結」において連結損益計算書のみを作成する場合は，新規子会社や連結除外がなければ投資と資本の消去仕訳は実施する必要はありませんが，連結貸借対照表を作成する場合には，投資と資本の消去仕訳は必ず必要となります。前年度から仕訳をそのまま引き継ぐものについては，開始仕訳として引き継ぎます。当期において増減資等や子会社株式の追加取得・一部売却などが予定されている場合には，それらの予算額をあらかじめ見込んだうえで，投資と資本の消去仕訳を作成する必要があります。

(2) のれんの償却

のれん償却額は販売費及び一般管理費に計上するため，営業利益に影響を及ぼします。金額が多額に上ることも多いため，この項目を入れるか入れないか

で「予算連結」の損益が大きく変わるような場合には，あらかじめ年間の償却額および各月への配賦額を決定しておき，それを「予算連結」に反映させる必要があります。のれん償却額は，のれんの残高が決まれば，あとは月割で償却していくだけなので，新たなのれんが発生しなければ毎月同じ額だけを償却していけばよいものです。**あらかじめのれん償却管理表などを作成して，その額を「予算連結」に反映できるようにしておく必要があります。**

(3) 当期純利益等の非支配株主への按分

100％子会社ではない会社が存在する場合には，当期純利益やその他の包括利益を非支配株主持分に按分する仕訳が必要となります。「予算連結」において連結損益計算書の当期純利益までを作成したい場合には，必要となります。当期中に持分比率の変動が予定されていない場合には，当期の非支配株主持分への按分比率は変わらないため，当期純利益に当該比率を乗じて非支配株主への按分額を計算し，それを反映させる必要があります。「予算連結」において連結貸借対照表を作成したい場合には，当期純利益だけでなく，その他の包括利益（その他有価証券評価差額金，為替換算調整勘定など）も非支配株主持分へ按分する仕訳が必要となります。

(4) 配当金の相殺

親会社側で計上した子会社からの受取配当金は，連結上は子会社の利益剰余金と相殺消去する必要があります。

受取配当金は，営業外収益として計上されるため，連結損益計算書の経常利益に影響を及ぼします。よって，当該仕訳を入れないと経常利益の額が歪んでしまうため，「予算連結」において連結損益計算書の経常利益以降を作成したい場合には必ず必要な仕訳です。

親会社側で子会社からの配当額についても予算額を決定しますが，連結手続

上ではこれを消去する仕訳を行います。

図表 4 - 5 - 1 　予算連結（受取配当金消去）のイメージ

勘定科目	親会社	子会社	合算	連結消去・修正仕訳	予算連結
売上高	450,000	30,000	480,000		480,000
売上原価	225,000	15,000	240,000		240,000
売上総利益	225,000	15,000	240,000	0	240,000
人件費	120,000	8,000	128,000		128,000
広告宣伝費	15,000	1,000	16,000		16,000
減価償却費	45,000	3,000	48,000		48,000
その他販管費	30,000	2,000	32,000		32,000
営業利益	15,000	1,000	16,000	0	16,000
受取配当金※	500	0	500	(500)	0
支払利息	300	0	300		300
経常利益	15,200	1,000	16,200	(500)	15,700

※全額子会社からの配当金

(5) 債権債務の消去

　債権債務の消去は，「予算連結」において連結貸借対照表を作成する場合のみ必要となります。

　連結損益計算書のみを作成する場合には，債権債務の消去仕訳自体は不要ですが，後述(6)の貸倒引当金の調整は必要になる可能性があるので，債権債務の消去とそれに伴う貸倒引当金の調整仕訳をあわせて検討しておく必要があります。

　債権債務の消去仕訳を「予算連結」に反映させる場合には，どのように消去仕訳を作成するかをあらかじめ検討しておく必要があります。さらに，消去方

法は営業活動と財務活動の2種類に分けて検討します。営業活動は，売掛金・未収入金・買掛金・未払金などの営業活動で生じた債権債務の消去であり，財務活動は，貸付金・借入金の消去です。消去方法としては以下の3通りの方法があるので，2種類の活動をどちらの方法で消去するかをあらかじめ決定し，そのうえで子会社からどのようなデータを収集するかを決定します。

図表4-5-2　「予算連結」における債権債務消去方法

種類	消去方法	検討事項
各社から内部取引消去データを収集する方法	「制度連結」と同様に各社から予算での内部取引データを収集し，それを連結上消去する方法	債権債務を突合した際に差額が生じた場合は調整が必要となるため，調整ルールを決定しておく必要がある
各社から債権（または債務）の内部取引消去データを収集する方法	債権（または債務）のみのデータを収集して消去仕訳を作成する方法	突合差額は生じないが，消去相手となった会社の債務（債権）消去額について単体予算との整合性が取れるかどうかを確認する必要がある
親会社側で内部取引消去データを作成する方法	消去金額の算出ルールを決め，親会社側で消去仕訳を作成する方法	消去対象となった会社の債務（債権）消去額について単体予算との整合性が取れるかどうかを確認する必要がある

①　各社から内部取引消去データを収集する方法

「制度連結」と同様に，各社から予算ベースの内部取引消去額を収集し，それらを突合して差額を調整し，連結消去・修正仕訳を作成する方法です。

まずは各社で単体予算とあわせて内部取引の予算額も決定する必要があるため，各社の負担が大きくなります。一方，各社側で単体予算とそれに含めている内部取引予算を決定するため，単体金額と内部取引消去額の整合性は取れた状態のデータとなります。

また，各社から内部取引消去データを収集するため，各社間の調整が必要となります。ある会社から別の会社に対する売掛金予算額と別の会社からある会社に対しての買掛金予算額が同じでないと，グループ内取引の予算を確定する

ことができないため,差が生じている場合には個別内容の確認と調整が必要となります。

② 各社から債権（または債務）の内部取引消去データを収集する方法

上述①の方法では,債権側・債務側の両方の会社から内部取引消去データを収集して突合し調整するので,非常に手間がかかります。これをもう少し簡便的にするために,債権側（または債務側）からのみ内部取引消去データを収集し,突合は行わず,そのまま相手会社のほうは債権（債務）の内部取引予算額のまま消去する方法です。

図表4-5-3　売掛金のみを収集する方法

・内部取引予算
　A社→B社　売掛金1,000円（B社からはデータ収集しない）
・内部取引消去仕訳

| B社 → A社　買掛金　1,000 | / | A社 → B社　売掛金　1,000 |

※B社→A社買掛金はデータ収集は行わず,A社からの情報に基づき消去する

この方法を採用した場合は,突合して差額を調整するという作業は不要となりますが,一方で,データ収集を行わなかった会社においては単体予算と消去額予算の整合性が取れず,場合によっては単体予算よりも消去額のほうが大きいということにもなりうるため,消去後にマイナス残高になっていないかなどの確認が必要となります。

③ 親会社側で内部取引消去データを作成する方法

上述①②の2つの方法は,いずれも各社から内部取引予算を収集する方法でしたが,各社からデータ収集は行わず,親会社側だけで実施するのがこの方法です。

まずは各社に負担をかけず,「予算連結」を実施したい場合はこの方法で進めてみるのがよいでしょう。

消去金額の算出方法としてはいくつかの方法が考えられます。

- ・直前決算における実績データとしての内部取引消去額をそのまま「予算連結」に反映させる方法
- ・直前決算における実績データに何らかの係数を乗じて「予算連結」における内部取引額を計算する方法
- ・損益取引消去を細かく実施している場合などは,損益消去予算額に売上債権回転期間を加味して「予算連結」における内部取引消去額を計算する方法など

営業活動については損益取引側の予算額を用いて計算値として作成し,財務活動については親会社の予算をベースに消去する等,営業活動・財務活動それぞれに分けて消去方法を検討しておくとよいでしょう。

(6) 貸倒引当金の調整

前期と当期の貸倒引当金の調整額が同じであれば,当期の損益には影響しないため,そのような場合には連結損益計算書を作成するうえでは貸倒引当金の調整仕訳は不要です。逆に,前期と当期で貸倒引当金の調整額に差がある場合には必要となります。

「予算連結」において連結貸借対照表を作成するのであれば,当該仕訳は必要となります。上述(5)の債権債務消去と同様に,いくつかの消去方法があるので,**あらかじめどのような方法で貸倒引当金調整額を計算するのかを決定し,そのうえで子会社からどのようなデータを収集するかを決定します。**

図表4-5-4 「予算連結」における貸倒引当金調整方法

種類	消去方法	検討事項
各社から貸倒引当金調整額を収集する方法	「制度連結」と同様に各社から予算での貸倒引当金を収集し，それを連結上消去する方法	―
親会社側で貸倒引当金調整額を作成する方法	消去金額の算出ルールを決め，親会社側で消去仕訳を作成する方法	調整対象となった会社の貸倒引当金や貸倒引当金繰入について単体予算との整合性が取れるかどうかを確認する必要がある

① 各社から貸倒引当金調整額を収集する方法

各社からグループ内部の会社に対する貸倒引当金の予算額についてデータを収集し，「予算連結」上はその金額を消去する方法です。貸倒懸念債権があってグループ内部で個別引当額を計上している場合には，各社から個別引当額を収集しておく必要があります。

② 親会社側で貸倒引当金調整額を作成する方法

各社からデータを集めるのではなく，過去の実績データ等に基づいて親会社側で仕訳金額を作成する方法です。各社の負担なく進められるので，「予算連結」を進めやすい方法です。消去金額の算出方法としては以下のいくつかの方法が考えられます。

・直前決算における実績データとしての貸倒引当金調整額をそのまま「予算連結」に反映させる方法
・直前決算における実績データに何らかの係数を乗じて「予算連結」における貸倒引当金調整額を計算する方法
・上述の債権消去予算に一定の率を乗じて貸倒引当金調整額を計算する方法
・連結損益計算書のみを作成する場合には，損益への影響額（前期調整額

と当期調整額の差額）を過去の実績データ等に基づいて計算し，その金額のみを消去する方法　など

(7) 損益取引の消去

債権債務の消去と同様に，「予算連結」における損益取引の消去方法もいくつかの方法があります。

図表4-5-5　「予算連結」における損益取引消去方法

種類	消去方法	検討事項
各社から内部取引消去データを収集する方法	「制度連結」と同様に各社から予算での内部取引データを収集し，それを連結上消去する方法	損益取引を突合した際に差額が生じた場合は調整が必要となるため，調整ルールを決定しておく必要がある
各社から収益のみ内部取引消去データを収集する方法	売上高，受取利息，受取配当金などの主要収益科目のみのデータを収集して消去仕訳を作成する方法	突合差額は生じないが，消去相手となった会社の費用等消去額について単体予算との整合性が取れるかどうかを確認する必要がある
親会社側で内部取引消去データを作成する方法	消去金額の算出ルールを決め，親会社側で消去仕訳を作成する方法	消去対象となった会社の収益費用消去額について単体予算との整合性が取れるかどうかを確認する必要がある

①　各社から内部取引消去データを収集する方法

「制度連結」と同様に，各社から予算ベースの内部取引消去額を収集し，それらを突合して差額を調整し，連結消去・修正仕訳を作成する方法です。

まずは各社で単体予算とあわせて内部取引の予算額も決定する必要があるため，各社の負担が大きくなります。一方，各社側で単体予算とそれに含めている内部取引予算を決定するため，単体金額と内部取引消去額の整合性は取れた状態のデータとなります。

また，各社から内部取引消去データを収集するため，各社間の調整が必要となります。ある会社から別の会社に対する売上高予算額と別の会社からある会社に対しての仕入高予算額が同じでないとグループ内取引の予算を確定することができないため，差が生じている場合には個別内容の確認と調整が必要となります。

② 各社から収益のみ内部取引消去データを収集する方法

収益のみの内部取引消去データを収集し，突合は行わず，そのまま相手会社の費用から同額を消去する方法です。

図表4-5-6　売上高のみを収集する方法
・内部取引予算 　A社→B社　売上高1,000円（B社からはデータ収集しない） ・内部取引消去仕訳 　　A社→B社　売上高　1,000　／　B社→A社　売上原価（仕入高）1,000 ※B社→A社売上原価（仕入高）はデータ収集は行わず，A社からの情報に基づき消去する

この方法を採用した場合は，突合して差額を調整するという作業は不要となりますが，一方で，データ収集を行わなかった会社においては単体予算と消去額予算の整合性が取れず，場合によっては単体予算よりも消去額のほうが大きいということにもなりうるため，消去後にマイナス残高になっていないかなどの確認が必要となります。

③ 親会社側で内部取引消去データを作成する方法

各社に負担はかけず，親会社側だけで実施する場合には，以下のいくつかの方法があります。

- 直前決算における実績データとしての内部取引消去額をそのまま「予算連結」に反映させる方法
- 直前決算における実績データに何らかの係数を乗じて「予算連結」における内部取引額を計算する方法
- グループ内部での貸付金（借入金）がある場合には，利率を乗じた金額にて受取利息・支払利息を消去する　など

(8) 未実現利益の消去

　未実現利益の消去の種類として，棚卸資産に含まれる未実現利益と固定資産に含まれる未実現利益とがあります。よって，「予算連結」を実施する場合においても**それぞれの未実現利益があるのかないのか，ある場合には消去するのか否か，消去する場合にはどのように計算して消去するのか**を検討する必要があります。

- 棚卸資産に含まれる未実現利益，固定資産に含まれる未実現利益が存在するか否か
- 存在する場合には，「予算連結」において消去するか否か
- 消去する場合にはどのように消去するか

　「予算連結」において未実現利益を消去する場合の消去方法を下記で確認しておきましょう。

① 棚卸資産に含まれる未実現利益の消去

　在庫の予算額を収集しそれに売上総利益率を乗じて消去するか，過去の実績データに基づいて計算した金額で消去するかによって，いくつかの消去方法があります。

図表4-5-7　「予算連結」における棚卸資産に含まれる未実現利益消去方法

種類	消去方法	検討事項
各社から在庫データを収集する方法	「制度連結」と同様に各社から予算でのグループ内部から仕入れた在庫データを収集し、それに売上総利益率等を乗じて消去する方法	各社側でグループ内部から仕入れた在庫データをどのように作成するか
親会社側で未実現消去データを作成する方法	消去金額の算出ルールを決め、親会社側で消去仕訳を作成する方法	消去対象となった会社の在庫消去額について単体予算との整合性が取れるかどうかを確認する必要がある

(各社から在庫データを収集する方法)

「制度連結」と同様に、在庫予算金額のうち、グループ内部からの仕入額を収集し、それに売上総利益等を乗じて未実現利益額を計算して連結消去・修正仕訳を作成する方法です。

在庫を保有する会社側で、在庫のうちグループ内部からの仕入高がいくらかを予算額として決定する必要があります。在庫会社側で単体予算を作成し、それにあわせて在庫予算額を決定するため、単体金額と未実現利益消去額の整合性は取れた状態のデータとなります。一方、在庫会社側から在庫予算データを収集するため、売却側の予算額との整合性を調整する必要があります。グループ全体の商流や過去の実績と比較して、在庫会社の在庫予算データと売却会社側の売上計画とを比較し、整合性が取れているかを確認する必要があります。

(親会社側で未実現消去データを作成する方法)

各社に負担はかけず、親会社側だけで実施する場合には、以下のいくつかの方法があります。

・直前決算における実績データとして未実現利益消去額をそのまま「予算連結」に反映させる方法
・直前決算における実績データに何らかの係数を乗じて「予算連結」にお

ける未実現利益消去額を計算する方法
・グループ内部の売上高予算額に在庫保有率や在庫回転率などを加味して在庫予算額を計算し、それに売上総利益率等を乗じて「予算連結」における未実現利益額を計算する方法　など

② 固定資産に含まれる未実現利益の消去

グループ内部で固定資産の売買が行われており、購入側の固定資産に未実現利益が含まれている場合、「未実現利益の消去」と「未実現利益の消去に伴う減価償却費の調整」の仕訳を検討する必要があります。

・未実現利益の消去

図表4-5-8　「予算連結」における固定資産に含まれる未実現利益消去方法

種類	消去方法	検討事項
各社から固定資産取得データ（および売却データ）を収集する方法	「制度連結」と同様に各社から予算でのグループ内部からの固定資産取得データを収集し、それに売却側情報を加味して未実現消去額を計算する方法	各社側でグループ内部からの固定資産取得データをどのように作成するか
親会社側で未実現消去データを作成する方法	消去金額の算出ルールを決め、親会社側で消去仕訳を作成する方法	消去対象となった会社の固定資産消去額について単体予算との整合性が取れるかどうかを確認する必要がある

（各社から固定資産取得データ（および売却データ）を収集する方法）

グループ内部での固定資産の売買が定期的に行われている場合など、各社の固定資産取得計画に基づいて、グループ内部取引データを収集する方法です。

固定資産を購入する会社側で、当期にどのグループ会社からいくらの予算で固定資産を取得するかを計画し、それを親会社に報告します。この方法を採用する場合、売却側の会社の計画も確認し、両社の整合性を取る必要があります。

（親会社側で未実現消去データを作成する方法）

　各社に負担はかけず，親会社側だけで実施する場合には，以下のいくつかの方法があります。ただし，固定資産に含まれる未実現損益消去は毎期定期的に発生するものでない場合には，開始仕訳（過年度の未実現利益の消去）のみを行い，当期において新たな未実現損益消去は行わないという選択肢もありますので，各社の状況に応じて決定してください。

・直前決算における実績データに基づき，未実現利益消去額をそのまま「予算連結」に反映させる方法
・直前決算における実績データに何らかの係数を乗じて「予算連結」における未実現利益消去額を計算する方法
・各社の設備計画等に基づいて，親会社側で固定資産未実現消去額を計算する方法　など

・未実現利益の消去に伴う減価償却費の調整

　未実現利益消去に伴う減価償却費の調整額は，あらかじめ年間の償却額および各月への配賦額を決定しておき，それを「予算連結」に反映させる必要があります。前期にすでに未実現利益消去が行われている固定資産については，前期と同様の方法で減価償却費の調整を行います。当期に新たに発生する予定の未実現利益については，未実現利益予定額を想定償却年数で割って年間償却額を計算し，それを月割りにして各月の減価償却費調整額を「予算連結」に反映できるようにしておく必要があります。

(9)　税効果の調整

　「予算連結」において連結損益計算書の当期純利益までを作成している場合には，連結手続に伴う税効果の調整仕訳も必要となります。

その場合は，貸倒引当金の調整，棚卸資産に含まれる未実現利益の消去，固定資産に含まれる未実現利益の消去および減価償却費の調整額に各社の税率を乗じて税効果額を計算し，「予算連結」に反映します。

　また，在外子会社からの配当がある場合には，留保利益の税効果仕訳も必要となります。

6　データ収集項目の検討

(1)　単体予算データの収集

　「予算連結」において，各社の単体予算をどの範囲で収集するかを検討します。
　例えば，予算連結において連結損益計算書のみを作成する場合は，各社からのデータは個別損益計算書の予算データのみとなります。さらに，連結貸借対照表も作成するのであれば，各社から収集する単体予算データは個別損益計算書だけでなく，個別貸借対照表も収集する必要があります。

(2)　連結消去・修正仕訳に関する予算データの収集

　連結消去・修正仕訳の作成方針が決定したら，各社から収集すべき予算データが決まります。前述 5 の連結消去・修正仕訳ごとに，「**予算連結**」において**当該仕訳を行うか否か，行う場合の仕訳金額の作成方法を整理し**，そのうち，「各社から予算データを収集する」という方針にした項目について，各子会社から必要なデータを収集する必要があります。

図表4-6-1　「予算連結」における連結消去・修正仕訳の有無とデータ収集方針

連結消去・ 修正仕訳	「予算連結」での 仕訳実施有無	各社からのデータ 収集有無	各社からの 収集データ
投資と資本の消去	有・無	有・無	投資予算 増減資計画
のれんの償却	有・無	有・無	—
当期純利益等の 非支配株主への按分	有・無	有・無	—
配当金の相殺	有・無	有・無	受取配当金予算 （親会社）
債権債務の消去	有・無	有・無	グループ内部取引予算 （債権債務）
貸倒引当金の調整	有・無	有・無	グループ内部貸倒引当金 予算
損益取引の消去	有・無	有・無	グループ内部取引予算 （損益取引）
未実現利益の消去	有・無	有・無	グループ内部取引予算 （在庫金額）
税効果の調整	有・無	有・無	—

7 データ収集フォーマットの検討

　各社からの単体予算データは，月次実績との比較分析を行うことを前提として，月次単位で収集するケースが多いといえます。月次実績データの収集は毎月行うのに対し，**予算データの収集は，来期1年分の予算データを来期が始まる前に12か月分をまとめて収集します**。

　よって，「予算連結」を実施する際，実績データの収集方法とは異なる方法で各社からデータ収集しなくてはなりません。

　通常は，実績データを収集するフォーマットとは別に，**予算データ収集用のフォーマットを用意して各社に配布してデータ収集を行います**。

図表4-7-1　予算データ収集フォーマット（サンプル）

個別財務諸表

勘定科目	4月	5月	6月	7月	8月	9月	10月	11月	12月	1月	2月	3月
売上高	30,000	30,000	30,000	30,000	30,000	30,000	30,000	30,000	30,000	30,000	30,000	30,000
売上原価	15,000	15,000	15,000	15,000	15,000	15,000	15,000	15,000	15,000	15,000	15,000	15,000
売上総利益	15,000	15,000	15,000	15,000	15,000	15,000	15,000	15,000	15,000	15,000	15,000	15,000
人件費	8,000	8,000	8,000	8,000	8,000	8,000	8,000	8,000	8,000	8,000	8,000	8,000
広告宣伝費	1,000	1,000	1,000	1,000	1,000	1,000	1,000	1,000	1,000	1,000	1,000	1,000
減価償却費	3,000	3,000	3,000	3,000	3,000	3,000	3,000	3,000	3,000	3,000	3,000	3,000
その他販管費	2,000	2,000	2,000	2,000	2,000	2,000	2,000	2,000	2,000	2,000	2,000	2,000
営業利益	1,000	1,000	1,000	1,000	1,000	1,000	1,000	1,000	1,000	1,000	1,000	1,000
受取利息	500	500	500	500	500	500	500	500	500	500	500	500
支払利息	500	500	500	500	500	500	500	500	500	500	500	500
経常利益	1,000	1,000	1,000	1,000	1,000	1,000	1,000	1,000	1,000	1,000	1,000	1,000

グループ内明細（売上高）

相手会社	4月	5月	6月	7月	8月	9月	10月	11月	12月	1月	2月	3月
親会社	10,000	10,000	10,000	10,000	10,000	10,000	10,000	10,000	10,000	10,000	10,000	10,000
A社	2,000	2,000	2,000	2,000	2,000	2,000	2,000	2,000	2,000	2,000	2,000	2,000
B社	3,000	3,000	3,000	3,000	3,000	3,000	3,000	3,000	3,000	3,000	3,000	3,000
C社	8,000	8,000	8,000	8,000	8,000	8,000	8,000	8,000	8,000	8,000	8,000	8,000
外部会社	7,000	7,000	7,000	7,000	7,000	7,000	7,000	7,000	7,000	7,000	7,000	7,000
計	30,000	30,000	30,000	30,000	30,000	30,000	30,000	30,000	30,000	30,000	30,000	30,000

第5章 見込連結の進め方

1 見込連結とは

「見込連結」とは，当期がある程度進行している状況において，当年度の上期，下期および通期決算の結果がどうなるかを連結ベースで作成するものです。

通常，上期見込，通期見込（下期見込）といった単位で実施します。上期の途中まで進行した段階で，当期における上期見込および通期見込を作成し，年度末間近において，通期見込（通期見通し）を作成します。

図表5-1-1 見込連結の実施タイミングと実施単位（12月決算会社の例）

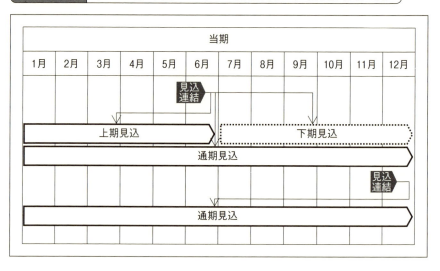

2 見込連結の作成方法

「見込連結」の作成方法としては以下の3通りの方法があります。

> ① 各社から見込データを収集し，それらを換算・合算・消去して「見込連結」を作成する方法
> ② 各社からすでに収集している予算データ，月次実績データを組み合わせて各社の見込データを作成し，それらを換算・合算・消去して「見込連結」を作成する方法
> ③ すでに作成済みの「予算連結」「月次連結」を組み合わせて「見込連結」を作成する方法

どの方法が正しいかという議論ではなく，自社の「見込連結」を実施するうえで，どの方法が採用しやすいか，また，「見込連結」を実施する目的に適合しているかを考慮して，「見込連結」の作成方法をまずは決定してください。

(1) 各社から見込データを収集し，それらを換算・合算・消去して「見込連結」を作成する方法

「月次連結」や「予算連結」（ボトムアップ方式）と同様に，**各社から「見込データ」を収集して，それらを連結して「見込連結」を作成する方法**です。

この方法を採用する場合，親会社および子会社側で見込を作成していることが前提となるため，後述の(2)および(3)よりも子会社への負担が大きくなります。子会社側で独自に予実比較や見込などの管理会計を実施できている場合には，この方法を採用することが可能です。

図表 5-2-1　各社から見込データを収集し，それらを換算・合算・消去して「見込連結」を作成する方法

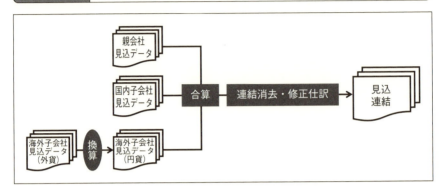

(2) 各社からすでに収集している予算データ，月次実績データを組み合わせて各社の見込データを作成し，それらを換算・合算・消去して「見込連結」を作成する方法

「月次連結」「予算連結」を実施する際に，すでに各社から「月次実績データ」「予算データ」を収集しているため，それらを組み合わせて各社の「見込データ」を作成し，それらを連結して「見込連結」を作成する方法です。

この方法を採用した場合は，「見込連結」を実施する際に各社への負担がなく，親会社の連結担当者側だけで「見込連結」を作成することができます。

「見込連結」を作成する目的が，連結ベースでの実績値を予測するためであり，各社に負担をかけずに連結ベースの見込み値を作成したい場合には，この方法を採用することで子会社から追加のデータ収集を行わずに「見込連結」を実施することができます。子会社に負担をかけずに見込み値を作成するという意味では，後述の(3)「すでに作成済みの「予算連結」「月次連結」を組み合わせて「見込連結」を作成する方法」と同じですが，在外子会社がある場合には換算前のデータを足し引きして作成した各社の外貨データを換算して「見込連結」を作

成するか，換算・合算後（すなわち円換算後）の連結金額を足し引きして「見込連結」を作成するかの違いがあるため，それぞれの結果には使用レートによる差が生じます。よって，在外子会社が存在し，かつ為替の変動によって連結財務諸表に与える影響が大きい場合には，各社から収集した外貨データを差し引きするこの方法のほうがより実際の金額に近い「見込連結」を作成することができるので，こちらの方法を採用するのがよいでしょう。

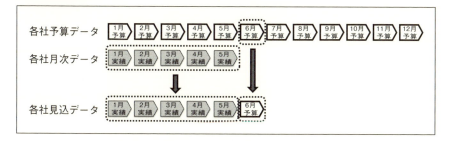

図表5-2-2　各社からすでに収集している予算データ，月次実績データを組み合わせて各社の見込データを作成し，それらを換算・合算・消去して「見込連結」を作成する方法

それでは，簡単な設例で確認しておきましょう。

<設例>
・当社およびA社は3月決算会社である。
・当社はX0年度期末にA社株式の80％を取得し，連結子会社としている。
・当社は，各社の当初予算データに経過月の実績データを置き換えて各社見込データを作成し，「見込連結」を実施している。
・「月次連結」「予算連結」および「見込連結」は連結損益計算書（親会社株主に帰属する当期純利益まで）を作成している。
・当初のれん発生額は120,000円であり，X1年度期首から10年で定額償却する（1か月当たりののれん償却額は1,000円）。
・A社は当社に商品を販売している（当社からA社への商品販売はない）。

- 親会社の受取配当金は全額A社から受け取ったものである。
- 当期はX2年度であり，8月実績での「月次連結」終了後，「見込連結」を実施して，上期見込および通期見込を作成する。
- 「見込連結」の連結消去・修正仕訳は，のれん償却，当期純利益の按分，配当金の振替（配当の受取りは7月であり，A社の配当支払額は10,000円），損益取引消去のみを実施する。

① A社見込データの作成

＜A社予算データ＞

A社個別財務諸表（予算）

勘定科目	予算 4月	予算 5月	予算 6月	予算 7月	予算 8月	予算 9月	予算 上期	予算 下期	予算 通期
売上高	(150,000)	(150,000)	(150,000)	(150,000)	(150,000)	(150,000)	(900,000)	(900,000)	(1,800,000)
売上原価	75,000	75,000	75,000	75,000	75,000	75,000	450,000	450,000	900,000
売上総利益	(75,000)	(75,000)	(75,000)	(75,000)	(75,000)	(75,000)	(450,000)	(450,000)	(900,000)
人件費	40,000	40,000	40,000	40,000	40,000	40,000	240,000	240,000	480,000
減価償却費	5,000	5,000	5,000	5,000	5,000	5,000	30,000	30,000	60,000
その他販管費	9,000	9,000	9,000	9,000	9,000	9,000	54,000	54,000	108,000
営業利益	(21,000)	(21,000)	(21,000)	(21,000)	(21,000)	(21,000)	(126,000)	(126,000)	(252,000)
受取利息	(600)	(600)	(600)	(600)	(600)	(600)	(3,600)	(3,600)	(7,200)
支払利息	400	400	400	400	400	400	2,400	2,400	4,800
経常利益	(21,200)	(21,200)	(21,200)	(21,200)	(21,200)	(21,200)	(127,200)	(127,200)	(254,400)

A社内部取引高（予算）

勘定科目	4月	5月	6月	7月	8月	9月	上期	下期	通期
売上高の 相手先別内訳									
親会社	(50,000)	(50,000)	(50,000)	(50,000)	(50,000)	(50,000)	(300,000)	(300,000)	(600,000)
外部会社	(100,000)	(100,000)	(100,000)	(100,000)	(100,000)	(100,000)	(600,000)	(600,000)	(1,200,000)
計	(150,000)	(150,000)	(150,000)	(150,000)	(150,000)	(150,000)	(900,000)	(900,000)	(1,800,000)

※貸方金額は（　）で示しています

＜A社実績データ＞（各月のデータは単月次）

A社個別財務諸表（実績）

勘定科目	4月	5月	6月	7月	8月
売上高	(157,500)	(142,500)	(165,000)	(162,000)	(138,000)
売上原価	78,750	71,250	82,500	81,000	69,000
売上総利益	(78,750)	(71,250)	(82,500)	(81,000)	(69,000)
人件費	42,000	38,000	44,000	43,200	36,800
減価償却費	5,250	5,250	5,250	5,250	5,250
その他販管費	9,450	8,550	9,900	9,720	8,280
営業利益	(22,050)	(19,450)	(23,350)	(22,830)	(18,670)
受取利息	(600)	(600)	(600)	(600)	(600)
支払利息	400	400	400	400	400
経常利益	(22,250)	(19,650)	(23,550)	(23,030)	(18,870)

A社内部取引高（実績）

勘定科目	4月	5月	6月	7月	8月
売上高の相手先別内訳					
親会社	(52,500)	(47,500)	(55,000)	(54,000)	(46,000)
外部会社	(105,000)	(95,000)	(110,000)	(108,000)	(92,000)
計	(157,500)	(142,500)	(165,000)	(162,000)	(138,000)

第5章 見込連結の進め方　135

<A社見込データ>

A社個別財務諸表（見込）

勘定科目	実績 4月	実績 5月	実績 6月	実績 7月	実績 8月	予算 9月	見込 上期	見込 下期	見込 通期
売上高	(157,500)	(142,500)	(165,000)	(162,000)	(138,000)	(150,000)	(915,000)	(900,000)	(1,815,000)
売上原価	78,750	71,250	82,500	81,000	69,000	75,000	457,500	450,000	907,500
売上総利益	(78,750)	(71,250)	(82,500)	(81,000)	(69,000)	(75,000)	(457,500)	(450,000)	(907,500)
人件費	42,000	38,000	44,000	43,200	36,800	40,000	244,000	240,000	484,000
減価償却費	5,250	5,250	5,250	5,250	5,250	5,000	31,250	30,000	61,250
その他販管費	9,450	8,550	9,900	9,720	8,280	9,000	54,900	54,000	108,900
営業利益	(22,050)	(19,450)	(23,350)	(22,830)	(18,670)	(21,000)	(127,350)	(126,000)	(253,350)
受取利息	(600)	(600)	(600)	(600)	(600)	(600)	(3,600)	(3,600)	(7,200)
支払利息	400	400	400	400	400	400	2,400	2,400	4,800
経常利益	(22,250)	(19,650)	(23,550)	(23,030)	(18,870)	(21,200)	(128,550)	(127,200)	(255,750)

A社内部取引高（見込）

勘定科目	4月	5月	6月	7月	8月	9月	上期	下期	通期
売上高の相手先別内訳									
親会社	(52,500)	(47,500)	(55,000)	(54,000)	(46,000)	(50,000)	(305,000)	(300,000)	(605,000)
外部会社	(105,000)	(95,000)	(110,000)	(108,000)	(92,000)	(100,000)	(610,000)	(600,000)	(1,210,000)
計	(157,500)	(142,500)	(165,000)	(162,000)	(138,000)	(150,000)	(915,000)	(900,000)	(1,815,000)

※貸方金額は（　）で示しています

② 連結精算表(上期見込連結)の作成

	科目	親会社 ※1	A社 ※1	単純合算	のれん償却 ※2	当期純利益の按分 ※3	配当金の振替 ※3	損益取引の消去 ※4	連結財務諸表
10	売上高	(1,350,000)	(915,000)	(2,265,000)				305,000	(1,960,000)
20	売上原価	600,000	457,500	1,057,500				(305,000)	752,500
	売上総利益	(750,000)	(457,500)	(1,207,500)	—	—	—	—	(1,207,500)
30	人件費	420,000	244,000	664,000					664,000
31	減価償却費	48,000	31,250	79,250					79,250
32	その他販売費および一般管理費	108,000	54,900	162,900					162,900
33	のれん償却費	—	—	—	6,000				6,000
	営業利益	(174,000)	(127,350)	(301,350)	6,000	—	—	—	(295,350)
40	受取利息	(12,000)	(3,600)	(15,600)					(15,600)
41	受取配当金	(8,000)	—	(8,000)			8,000		—
50	支払利息	6,000	2,400	8,400					8,400
	経常利益	(188,000)	(128,550)	(316,550)	6,000	—	8,000	—	(302,550)
60	特別損益	—	—	—					—
	税前利益	(188,000)	(128,550)	(316,550)	6,000	—	8,000	—	(302,550)
70	法人税等	48,000	—	48,000					48,000
80	非支配株主利益	—	—	—		25,710	2,000		27,710
	当期純利益(親会社株主利益)	(140,000)	(128,550)	(268,550)	6,000	25,710	10,000	—	(226,840)

※貸方金額は( )で示しています

(注) 各社の見込データを積み上げて,連結消去・修正仕訳を加味した結果が「見込連結」における連結財務諸表(連結損益計算書)となります。

※1 A社データは4月から8月の実績データと,9月の予算データを合算して作成したデータです。

※2 のれん償却額はのれん償却額計算シートに基づいて仕訳を作成します。

図表 5-2-3　のれん償却額計算シート

当初発生額	償却月数	1か月当たり償却額	期首残高	期首残存月数	当月月数	当月償却額	当月末残高
120,000	120か月	1,000	108,000	108か月	6か月	6,000	102,000

※3　当期純利益の按分および配当金の振替は，持分計算シートに基づいて仕訳を作成します。

図表 5-2-4　持分計算シート

	A社純資産			持分比率		持分計算	
	資本金	利益剰余金	純資産計	親会社	外部会社	親会社	外部会社
期首	100,000	100,000	200,000	80%	20%	160,000	40,000
当期純利益	—	128,550	128,550	80%	20%	102,840	25,710
配当	—	△10,000	△10,000	80%	20%	△8,000	△2,000
期末	100,000	218,550	318,550	80%	20%	254,840	63,710

※4　損益取引消去金額は，個別財務諸表と同様に4月から8月までの内部売上高の実績データと，9月の内部売上高の予算データを合算して作成した金額を用いて消去します。

なお，この方法で「見込連結」を実施する場合，作成した各社見込データは外貨ベースとなるため，在外子会社が存在する場合には，どのようなレートで換算するかという論点があります。在外子会社の論点に関しては，第6章を参考にしてください。

(3) すでに作成済みの「予算連結」「月次連結」を組み合わせて「見込連結」を作成する方法

「月次連結」や「予算連結」を実施した結果，**すでに連結財務諸表を各月で作成済みであるため，これらを組み合わせて「見込連結」を作成する方法**です。

上述の(2)との違いは，この方法は，各社データを組み合わせるのではなく，すでに連結した結果を組み合わせるという点です。

上述の(2)と同様に，子会社への負担はないため，親会社の連結担当者側で作成することができるため，これから「管理連結」のしくみを構築していこうとしているケースにおいては非常に進めやすい方法です。

在外子会社が存在しなければ，(2)と(3)の結果は理屈上は同じ結果となります。在外子会社が存在している場合には，すでに換算後の円貨データを組み合わせるため，(2)とは異なる結果となります。在外子会社が存在する場合には為替の影響をどのように分析するかをあらかじめ決めたうえで，(2)または(3)のどちらかを選択することになります。在外子会社がなく，子会社への負担が少ない方法で「見込連結」を実施する場合には，(3)の方法が一番手間が少なく実施しやすい方法です。

| 図表 5-2-5 | すでに作成済みの「予算連結」「月次連結」を組み合わせて「見込連結」を作成する方法 |

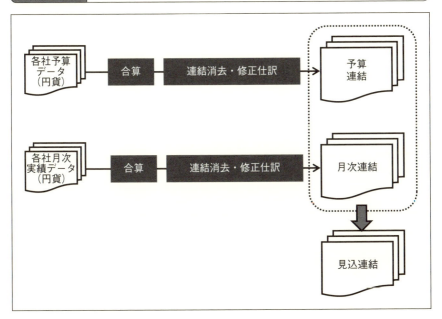

それでは，簡単な設例で確認しておきましょう。

<設例>
・当社およびA社は3月決算会社である。
・当社はX0年度期末にA社株式の80％を取得し，連結子会社としている。
・当社は，すでに作成済みの「予算連結」「月次連結」を組み合わせて「見込連結」を作成する方法を採用している。
・「月次連結」「予算連結」および「見込連結」は連結損益計算書（親会社株主に帰属する当期純利益まで）を作成している。
・当初のれん発生額は120,000円であり，X1年度期首から10年で定額償却する（1か月当たりののれん償却額は1,000円）。
・A社は当社に商品を販売している（当社からA社への商品販売はない）。

- 親会社の受取配当金は全額A社から受け取ったものである。
- 当期はX2年度であり，8月実績での「月次連結」終了後，「見込連結」を実施して，上期見込および通期見込を作成する。
- 「見込連結」の連結消去・修正仕訳は，のれん償却，当期純利益の按分，配当金の振替（配当の受取は7月であり，A社の配当支払額は10,000円），損益取引消去のみを実施する。

① 「予算連結」（9月単月）の作成

「予算連結」（9月単月）は親会社およびA社の予算データを用いて作成します。

A社の個別財務諸表および内部売上高（売上高）のみは以下のとおりです。

当社は「予算連結」においては内部売上高の金額を用いて損益取引の消去を行っています。

＜A社予算データ＞

A社個別財務諸表（予算）

勘定科目	予算 4月	予算 5月	予算 6月	予算 7月	予算 8月	予算 9月	予算 上期	予算 下期	予算 通期
売上高	(150,000)	(150,000)	(150,000)	(150,000)	(150,000)	(150,000)	(900,000)	(900,000)	(1,800,000)
売上原価	75,000	75,000	75,000	75,000	75,000	75,000	450,000	450,000	900,000
売上総利益	(75,000)	(75,000)	(75,000)	(75,000)	(75,000)	(75,000)	(450,000)	(450,000)	(900,000)
人件費	40,000	40,000	40,000	40,000	40,000	40,000	240,000	240,000	480,000
減価償却費	5,000	5,000	5,000	5,000	5,000	5,000	30,000	30,000	60,000
その他販管費	9,000	9,000	9,000	9,000	9,000	9,000	54,000	54,000	108,000
営業利益	(21,000)	(21,000)	(21,000)	(21,000)	(21,000)	(21,000)	(126,000)	(126,000)	(252,000)
受取利息	(600)	(600)	(600)	(600)	(600)	(600)	(3,600)	(3,600)	(7,200)
支払利息	400	400	400	400	400	400	2,400	2,400	4,800
経常利益	(21,200)	(21,200)	(21,200)	(21,200)	(21,200)	(21,200)	(127,200)	(127,200)	(254,400)
税前利益	(21,200)	(21,200)	(21,200)	(21,200)	(21,200)	(21,200)	(127,200)	(127,200)	(254,400)
当期純利益	(21,200)	(21,200)	(21,200)	(21,200)	(21,200)	(21,200)	(127,200)	(127,200)	(254,400)

A社内部取引高（予算）

勘定科目	4月	5月	6月	7月	8月	9月	上期	下期	通期
売上高の相手先別内訳									
親会社	(50,000)	(50,000)	(50,000)	(50,000)	(50,000)	(50,000)	(300,000)	(300,000)	(600,000)
外部会社	(100,000)	(100,000)	(100,000)	(100,000)	(100,000)	(100,000)	(600,000)	(600,000)	(1,200,000)
計	(150,000)	(150,000)	(150,000)	(150,000)	(150,000)	(150,000)	(900,000)	(900,000)	(1,800,000)

※貸方金額は（ ）で示しています

<連結精算表（予算連結（9月単月））>

	科目	親会社	A社 ※1	単純合算	のれん償却 ※2	当期純利益の按分 ※3	配当金の振替 ※3	損益取引の消去 ※4	連結財務諸表
10	売上高	(225,000)	(150,000)	(375,000)				50,000	(325,000)
20	売上原価	100,000	75,000	175,000				(50,000)	125,000
	売上総利益	(125,000)	(75,000)	(200,000)	－	－	－	－	(200,000)
30	人件費	70,000	40,000	110,000					110,000
31	減価償却費	8,000	5,000	13,000					13,000
32	その他販売費および一般管理費	18,000	9,000	27,000					27,000
33	のれん償却費	－	－	－	1,000				1,000
	営業利益	(29,000)	(21,000)	(50,000)	1,000	－	－	－	(49,000)
40	受取利息	(2,000)	(600)	(2,600)					(2,600)
41	受取配当金	－	－	－			0		－
50	支払利息	1,000	400	1,400					1,400
	経常利益	(30,000)	(21,200)	(51,200)	1,000				(50,200)
60	特別損益	－	－	－					－
	税前利益	(30,000)	(21,200)	(51,200)	1,000				(50,200)
70	法人税等	8,000	－	8,000					8,000
80	非支配株主利益	－	－	－		4,240	0		4,240
	当期純利益（親会社株主利益）	(22,000)	(21,200)	(43,200)	1,000	4,240	－	－	(37,960)

※貸方金額は（ ）で示しています

(注) 各社の予算データを積み上げて，連結消去・修正仕訳を加味した結果が「予算連結」における連結財務諸表（連結損益計算書）となります。

※1 A社データはA社予算データの9月単月予算を利用しています。

※2 単月データなので，のれん償却額は1か月分（1,000円）を計上しています。

※3 9月単月利益の按分のみを行います。

※4 損益取引消去金額は，A社予算データの9月の親会社向け売上高を用いて消去します。

② 「月次連結」（8月累計）の作成

「月次連結」は各社から収集した累計月次データを用いて作成します。

「月次連結」における損益消去も「予算連結」と同様に内部売上高の金額を用いて行います。

＜A社月次実績データ＞

A社個別財務諸表（月次実績）

勘定科目	4月	5月	6月	7月	8月
売上高	(157,500)	(142,500)	(165,000)	(162,000)	(138,000)
売上原価	78,750	71,250	82,500	81,000	69,000
売上総利益	(78,750)	(71,250)	(82,500)	(81,000)	(69,000)
人件費	42,000	38,000	44,000	43,200	36,800
減価償却費	5,250	5,250	5,250	5,250	5,250
その他販管費	9,450	8,550	9,900	9,720	8,280
営業利益	(22,050)	(19,450)	(23,350)	(22,830)	(18,670)
受取利息	(600)	(600)	(600)	(600)	(600)
支払利息	400	400	400	400	400
経常利益	(22,250)	(19,650)	(23,550)	(23,030)	(18,870)

A社内部取引高（月次実績）

勘定科目	4月	5月	6月	7月	8月
売上高の相手先別内訳					
親会社	(52,500)	(47,500)	(55,000)	(54,000)	(46,000)
外部会社	(105,000)	(95,000)	(110,000)	(108,000)	(92,000)
計	(157,500)	(142,500)	(165,000)	(162,000)	(138,000)

<連結精算表（月次連結（8月累計））>

	科目	親会社	A社 ※1	単純合算	のれん償却 ※2	当期純利益の按分 ※3	配当金の振替 ※3	損益取引の消去 ※4	連結財務諸表
10	売上高	(1,125,000)	(765,000)	(1,890,000)				255,000	(1,635,000)
20	売上原価	500,000	382,500	882,500				(255,000)	627,500
	売上総利益	(625,000)	(382,500)	(1,007,500)	－	－	－	－	(1,007,500)
30	人件費	350,000	204,000	554,000					554,000
31	減価償却費	40,000	26,250	66,250					66,250
32	その他販売費および一般管理費	90,000	45,900	135,900					135,900
33	のれん償却費	－	－	－	5,000				5,000
	営業利益	(145,000)	(106,350)	(251,350)	5,000	－	－	－	(246,350)
40	受取利息	(10,000)	(3,000)	(13,000)					(13,000)
41	受取配当金	(8,000)	－	(8,000)			8,000		－
50	支払利息	5,000	2,000	7,000					7,000
	経常利益	(158,000)	(107,350)	(265,350)	5,000		8,000		(252,350)
60	特別損益	－	－	－					－
	税前利益	(158,000)	(107,350)	(265,350)	5,000		8,000		(252,350)
70	法人税等	40,000	－	40,000					40,000
80	非支配株主利益	－	－	－		21,470	2,000		23,470
	当期純利益（親会社株主利益）	(118,000)	(107,350)	(225,350)	5,000	21,470	10,000	－	(188,880)

※貸方金額は（ ）で示しています

(注) 各社の月次実績（8月累計月次）データを積み上げて，連結消去・修正仕訳を加味した結果が「月次連結」における連結財務諸表（連結損益計算書）となります。

※1 A社データはA社実績データの8月累計データを利用しています。

※2 のれん償却額は4月から8月までの5か月分（5,000円）を計上しています。

※3 当期純利益の按分および配当金の振替は，持分計算シートに基づいて仕訳を作成します。

図表5-2-6　持分計算シート

	A社純資産			持分比率		持分計算	
	資本金	利益剰余金	純資産計	親会社	外部会社	親会社	外部会社
期首	100,000	100,000	200,000	80%	20%	160,000	40,000
当期純利益	─	107,350	107,350	80%	20%	85,880	21,470
配当	─	△10,000	△10,000	80%	20%	△8,000	△2,000
期末	100,000	197,350	297,350	80%	20%	237,880	59,470

※4　損益取引消去金額は、A社実績データの8月累計を用いて消去します。

③　上期見込連結の作成

月次連結（8月累計月次）と予算連結（9月単月）を合算して、上期見込連結を作成します。

＜連結精算表（見込連結（上期累計））＞

	科目	月次連結 8月累計	予算連結 9月月次	単純合算
10	売上高	(1,635,000)	(325,000)	(1,960,000)
20	売上原価	627,500	125,000	752,500
	売上総利益	(1,007,500)	(200,000)	(1,207,500)
30	人件費	554,000	110,000	664,000
31	減価償却費	66,250	13,000	79,250
32	その他販売費および一般管理費	135,900	27,000	162,900
33	のれん償却費	5,000	1,000	6,000
	営業利益	(246,350)	(49,000)	(295,350)
40	受取利息	(13,000)	(2,600)	(15,600)
41	受取配当金	─	─	─
50	支払利息	7,000	1,400	8,400

	経常利益	(252,350)	(50,200)	(302,550)
60	特別損益	—	—	—
	税前利益	(252,350)	(50,200)	(302,550)
70	法人税等	40,000	8,000	48,000
80	非支配株主利益	23,470	4,240	27,710
	当期純利益（親会社株主利益）	(188,880)	(37,960)	(226,840)

※貸方金額は（　）で示しています

※　在外子会社が存在しない場合には，(2)の方法で作成した連結財務諸表と同じ結果となります。

第6章 その他の論点

1　在外子会社がある場合の「管理連結」

(1) 財務諸表の換算に用いる換算レート

　在外子会社の個別財務諸表は現地通貨で作成されているため，連結財務諸表を作成する際にはこれを円に換算して合算します。

　「制度連結」の場合は，ルールが決まっているため決算期における期中平均レートおよび決算日レートを用いて換算しますが，「管理連結」の場合は明確なルールがあるわけではありません。よって，「月次連結」や「予算連結」において，在外子会社の財務諸表の換算レートに何を使うかをあらかじめ検討しておく必要があります。

　「月次連結」は過去の数値であるため，各月の実績レートを用いて換算することで，その時点の為替変動も加味した金額を把握することができます。

　しかしながら，「予算連結」の場合は，期が始まる前に実施するため，まだ実績レートは確定しておらず，どのレートを利用して換算するかを決めておかなければなりません。通常，社内の予算レート等を利用して換算します。

　期の初めに「予算連結」を実施し，その後「月次連結」と比較分析する際，換算レートが異なっていると予算と実績の差額に為替の影響が含まれてしまいます。**為替の影響を除いて分析するためには，予算と実績の数値を同じレートを用いて換算する必要があります。**

　よって，為替の影響を排除して差額分析をするために，以下の2つの方法があります。

> ＜パターン1＞予算データおよび実績データともに予算レートで換算する方法
> ＜パターン2＞予算データおよび実績データともに実績レートで換算する方法

図表6-1-1　換算レートの設定方法

＜パターン1＞予算データおよび実績データともに予算レートで換算する方法

	各社データ	換算レート	差異分析
①	月次実績データ	実績レート	②との差額が為替レートの影響による差異となる
②	月次実績データ	予算レート	③との差額は為替の影響を含まない予算実績差異となる
③	予算データ	予算レート	－

（パターン1の図解）

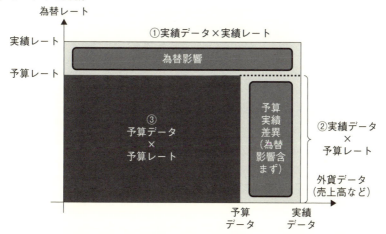

＜パターン2＞予算データおよび実績データともに実績レートで換算する方法

	各社データ	換算レート	差異分析
①	月次実績データ	実績レート	②との差額は為替の影響を含まない予算実績差異となる
②	予算データ	実績レート	③との差額は為替レートの影響による差異となる
③	予算データ	予算レート	－

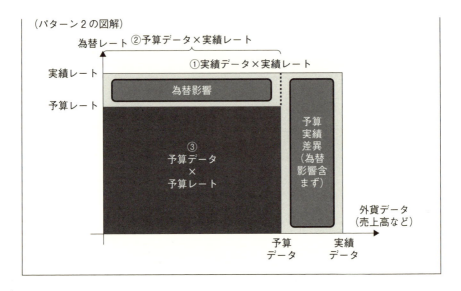

　以下，パターン1の方法を用いた場合の差異分析を簡単な数値例で確認しておきましょう。

【例】在外子会社の予実分析（パターン1の場合）

<前提>予算レート：100円／外貨，4月実績レート：110円／外貨

(1) 予算連結（単純合算まで）

科目	親会社	国内子会社	在外子会社	合算
売上高	1,000,000	80,000	100,000	1,180,000
売上原価	500,000	30,000	50,000	580,000
売上総利益	500,000	50,000	50,000	600,000
販売費及び一般管理費	200,000	10,000	20,000	230,000
営業利益	300,000	40,000	30,000	370,000
営業外損失	100,000	5,000	10,000	115,000
経常利益	200,000	35,000	20,000	255,000

※予算策定時の在外子会社の換算は予算レートにて実施している

科目	在外子会社の予算データ		
	4月 予算データ①	予算レート②	4月 予算①×②
売上高	1,000	@100	100,000
売上原価	500	@100	50,000
売上総利益	500	@100	50,000
販売費及び一般管理費	200	@100	20,000
営業利益	300	@100	30,000
営業外損失	100	@100	10,000
経常利益	200	@100	20,000

(2) 実績連結（単純合算まで）

① 実績レートを用いて在外子会社の財務諸表を換算した場合

科目	親会社	国内子会社	在外子会社	合算
売上高	1,100,000	82,000	121,000	1,303,000
売上原価	550,000	28,000	66,000	644,000
売上総利益	550,000	54,000	55,000	659,000
販売費及び一般管理費	180,000	12,000	24,200	216,200
営業利益	370,000	42,000	30,800	442,800
営業外損失	110,000	6,000	8,800	124,800
経常利益	260,000	36,000	22,000	318,000

② 予算レートを用いて在外子会社の財務諸表を換算した場合

科目	親会社	国内子会社	在外子会社	合算
売上高	1,100,000	82,000	110,000	1,292,000
売上原価	550,000	28,000	60,000	638,000
売上総利益	550,000	54,000	50,000	654,000
販売費及び一般管理費	180,000	12,000	22,000	214,000
営業利益	370,000	42,000	28,000	440,000
営業外損失	110,000	6,000	8,000	124,000
経常利益	260,000	36,000	20,000	316,000

(参考）在外子会社の換算データ

科目	4月実績データ①	予算レート②	実績レート③	実績データ①×予算レート②	実績データ①×実績レート③
売上高	1,100	@100	@110	110,000	121,000
売上原価	600	@100	@110	60,000	66,000
売上総利益	500	@100	@110	50,000	55,000
販売費及び一般管理費	220	@100	@110	22,000	24,200
営業利益	280	@100	@110	28,000	30,800
営業外損失	80	@100	@110	8,000	8,800
経常利益	200	@100	@110	20,000	22,000

(3) 予実比較

① 実績レートを用いて換算した実績連結と予算連結を比較する場合

科目	合算4月予算	合算4月実績	差異	差異の内訳		
				親会社	国内子会社	在外子会社
売上高	1,180,000	1,303,000	123,000	100,000	2,000	21,000
売上原価	580,000	644,000	64,000	50,000	△2,000	16,000
売上総利益	600,000	659,000	59,000	50,000	4,000	5,000
販売費及び一般管理費	230,000	216,200	△13,800	△20,000	2,000	4,200
営業利益	370,000	442,800	72,800	70,000	2,000	800
営業外損失	115,000	124,800	9,800	10,000	1,000	△1,200
経常利益	255,000	318,000	63,000	60,000	1,000	2,000

② 予算レートを用いて換算した実績連結と予算連結を比較する場合

科目	合算 4月予算	合算 4月実績	差異	差異の内訳		
				親会社	国内 子会社	在外 子会社
売上高	1,180,000	1,292,000	112,000	100,000	2,000	10,000
売上原価	580,000	638,000	58,000	50,000	△2,000	10,000
売上総利益	600,000	654,000	54,000	50,000	4,000	0
販売費及び一般管理費	230,000	214,000	△16,000	△20,000	2,000	2,000
営業利益	370,000	440,000	70,000	70,000	2,000	△2,000
営業外損失	115,000	124,000	9,000	10,000	1,000	△2,000
経常利益	255,000	316,000	61,000	60,000	1,000	0

(4) 予実分析

(3)①を見てください。予算実績差異の会社別分析の在外子会社の差額は、予算データは予算レートで換算し、実績データは実績レートで換算しているため、為替の変動も含めた差額が予算実績差異の中に含まれています。

一方、(3)②は予算データも実績データも予算レートで換算しているため、予算実績差異の中には為替変動の影響は含まれていません。

よって、在外子会社がある場合にはこれらを組み合わせて以下のように予実差異を分解する必要があります。

科目	合算 4月予算	合算 4月実績 予算レート	差異	合算 4月実績 実績レート	為替による 影響
売上高	1,180,000	1,292,000	112,000	1,303,000	11,000
売上原価	580,000	638,000	58,000	644,000	6,000
売上総利益	600,000	654,000	54,000	659,000	5,000
販売費及び一般管理費	230,000	214,000	△16,000	216,200	2,200
営業利益	370,000	440,000	70,000	442,800	2,800
営業外損失	115,000	124,000	9,000	124,800	800
経常利益	255,000	316,000	61,000	318,000	2,000

このように，在外子会社がある場合には，比較分析をする際にどのように為替の影響を排除するかをあらかじめ検討し，そのための換算レートを決定しておく必要があるのです。

(2) 決算期が異なる子会社がある場合の検討

制度連結の場合，親会社と子会社の決算日が異なっている場合は，その差異が3か月以内であれば，子会社の決算日の財務諸表をそのまま連結することができます。しかしながら，管理会計の場合は特に明確なルールが決まっていないため，どの日の財務諸表を連結するかをあらかじめ検討しておく必要があります。

「管理連結」を意思決定を迅速に行うためのタイムリーな情報として利用する場合には，決算期がずれている会社の財務諸表をそのまま連結するのはあまり意味がありません。よって，その場合には，決算期が異なる子会社があったとしても，同月のデータを用いて連結する必要があるでしょう。親会社と決算期が異なる会社についても親会社と同月データを連結するのであれば，子会社側で仮決算等を行うか，親会社側で期間を調整して数値を作る必要があります。

親会社側で調整して，累計月次のデータを作成する場合は，ずれている決算月部分を足し引きして同月の累計月次データを作成します。単月で連結する場合は，1か月単位のデータであるため，特に足し引きなどは行わず，同月の単月データをそのまま連結することになります。

通常，予算連結は単月データで作成しているため，実績データをどのように連結するかを決定し，その方針に応じて，データの足し引きが必要かどうかを検討し，必要な場合にはその手順を整理しておく必要があります。

図表6-1-2 決算期が異なる子会社がある場合

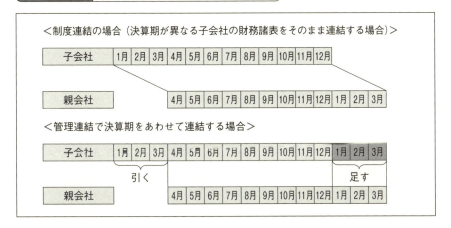

(3) 会計処理の統一

　在外子会社の個別財務諸表は、現地の会計基準で作成されているため、親会社の会計処理と異なる処理を行っている場合があります。例えば、親会社が数年にわたって定期的に償却している資産を子会社側では一括償却している、もしくはその逆といったケースです。この場合、**「制度連結」においては、重要な会計処理に関しては親会社の処理にあわせるために、連結手続上は子会社の個別財務諸表の修正を行う必要があります**。一方、「管理連結」ではそのような明確なルールはないため、「管理連結」上、会計処理の統一をどこまで実施するかをあらかじめ検討しておく必要があります。

　まずは、「制度連結」においてどの会社でどのような会計処理の統一のための仕訳を登録しているかを確認し、そのうち、どれを「管理連結」上含めるかを検討します。「管理連結」上、含めることにした修正仕訳については、「予算連結」、「月次連結」においてそれぞれ加味する必要があるため、そのためには各社からどのようなデータを収集し、連結する際にはどのように修正仕訳を行うかを決めておかなければなりません。

2　連結セグメント情報作成の進め方

(1) セグメントの考え方

　「制度連結」においては，**マネジメント・アプローチ**という考え方に基づき，企業の報告セグメントを決定し，四半期ごとに連結ベースのセグメント情報を開示するルールとなっています。マネジメント・アプローチとは，企業の経営者が経営上の意思決定を行い，業績を評価するために，企業を事業の構成単位に分類する方法を基礎とするアプローチのことをいいます。

　企業は，まず事業セグメントを決定し，それを開示のルールに従って集約して報告セグメントを決定します。事業セグメントとは，企業の構成単位で，次の要件のすべてに該当するものを指します。

> - ✓ 収益を獲得し，費用が発生する事業活動に係るもの（同一企業内の他の構成単位との取引に関連する収益および費用を含む）
> - ✓ 企業の最高経営意思決定機関が，当該構成単位に配分すべき資源に関する意思決定を行い，また，その業績を評価するために，その経営成績を定期的に検討するもの
> - ✓ 分離された財務諸表を入手できるもの

図表6-2-1 マネジメント・アプローチによる報告セグメントの決定

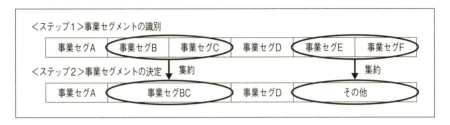

「管理連結」においては特にルールは決まっていないため，どのように企業を分解して評価するかは自由です。ただ，現状の「制度連結」は，「マネジメント・アプローチ」という考え方を採用しているため，「管理連結」上も大きくかけ離れた区分になることはないと想定されます。「制度連結」上の区分を細分化したもので管理していくのが一般的な流れといえるでしょう。

また，「制度連結」上はセグメント情報として開示すべき項目もルールで決まっています。例えば，四半期決算であれば，売上高，セグメント利益を開示することが義務付けられており，年次決算についてはさらに資産をセグメント別に開示する必要があります。セグメント利益は，営業利益，経常利益，当期純利益など，**どの段階利益までをセグメント別に開示するかは，企業があらかじめ決定しておきます。**

図表6-2-2 開示例（三菱重工業㈱平成30年3月期有価証券報告書より）

当連結会計年度（自 平成29年4月1日 至 平成30年3月31日）

（単位：百万円）

	報告セグメント				その他（注）1	合計	調整額（注）2	連結財務諸表計上額（注）3
	パワー	インダストリー＆社会基盤	航空・防衛・宇宙	計				
売上高								
外部顧客への売上高	1,476,636	1,874,181	720,005	4,070,823	39,993	4,110,816	―	4,110,816
セグメント間の内部売上高又は振替高	17,326	24,783	2,987	45,097	80,811	125,909	△125,909	―
計	1,493,962	1,898,965	722,992	4,115,920	120,805	4,236,726	△125,909	4,110,816
セグメント利益又は損失（△）	108,980	40,853	△15,133	134,700	5,063	139,764	△13,234	126,530
セグメント資産	2,508,488	1,702,050	1,046,399	5,256,938	759,168	6,016,106	△528,453	5,487,652
その他の項目								
減価償却費	54,185	52,453	58,367	165,006	2,273	167,280	8,824	176,104
のれんの償却額	8,563	8,413	―	16,976	0	16,977	△492	16,484
のれんの未償却残高	46,169	61,173	―	107,342	―	107,342	△2,216	105,125
持分法適用会社への投資額	103,190	20,101	―	123,291	7,339	130,631	56,239	186,870
有形固定資産及び無形固定資産の増加額	39,328	59,323	54,401	153,052	2,367	155,420	3,033	158,453

（注）1．「その他」の区分は，報告セグメントに含まれない建設・不動産，情報サービス等を含んでいる。

2．セグメント利益又は損失の調整額は，各セグメントに配分していない全社費用△13,234百万円である。全社費用は，全社基盤的な研究開発費や本社管理部門の費用の一部である。

　　セグメント資産の調整額△528,453百万円には，現金及び預金，建物及び構築物，投資有価証券，その他の資産のうち各報告セグメントに帰属しない全社資産616,924百万円，セグメント間の債権債務消去△1,067,266百万円などが含まれている。

　　減価償却費の調整額8,824百万円は各報告セグメントに帰属しない全社資産にかか

る償却額である。

のれんの償却額の調整額△492百万円及びのれんの未償却残高の調整額△2,216百万円は，共通支配下での企業結合により生じたセグメント間ののれんにかかる調整額である。

持分法適用会社への投資額の調整額56,239百万円は，各報告セグメントに帰属しない持分法適用会社にかかる投資額である。

有形固定資産及び無形固定資産の増加額の調整額3,033百万円は，当社本社部門及び研究所に帰属する資産にかかる設備投資額である。

3．セグメント利益又は損失の合計額は，連結損益計算書の営業利益と調整を行っている。

(2) セグメント区分の検討

「管理連結」では「制度連結」のように明確なルールはないため，経営者が経営の意思決定を行う際に，**どのようなセグメント（事業）区分で，どの項目を把握したいかによって，収集する項目や集計する項目を決定します。**

図表6-2-3　親会社が純粋持株会社の場合

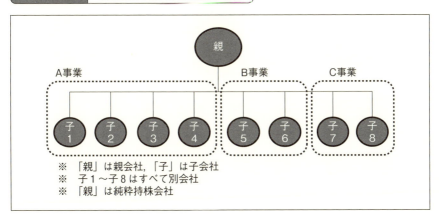

例えば，【図表6-2-3】のように親会社が純粋持株会社で，各子会社が単一の事業のみを行っている場合は，子会社をどのような単位でグルーピングして分析するかを検討します。事業単位でのグルーピングだけでよいのであれば，

セグメントに関する情報を追加で入手する必要はなく，各子会社から収集した財務諸表を事業別にグルーピングすることでセグメント（事業）別の連結財務諸表を作成することができます。

図表 6 - 2 - 4　子会社が親会社の事業部に属している場合

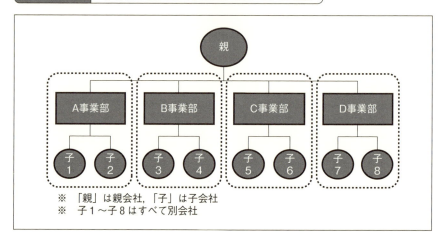

また，【図表 6 - 2 - 4】のように，親会社が事業部別に分かれており，その下に各子会社が所属しているような企業グループの場合は，各子会社からは【図表 6 - 2 - 3】と同様にセグメント（事業）別に分離した情報を追加で収集する必要はなく，親会社のみセグメント（事業部）別の情報を作成し，これに子会社の個別財務諸表を合算することで，セグメント（事業）別の連結財務諸表を作成することができます。

図表6-2-5 親会社も子会社も複数の事業を営んでいる場合

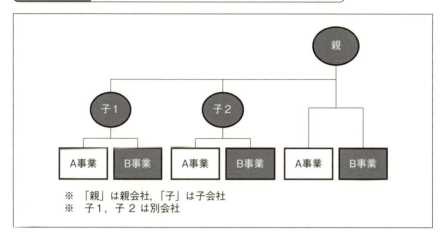

　【図表6-2-5】のように，親会社も子会社も複数の事業を営んでおり，各事業単位で連結財務諸表を作成したい場合には，親会社も子会社も，財務諸表のうちセグメント別に把握したい項目を事業別に分離し，それらを合算してセグメント（事業）別の連結財務諸表を作成します。

　管理連結によって作成したデータを連結グループの業績向上のために利用するためには，実績データを精緻に分析し，次の改善計画につなげていく必要があります。そのためには，どのような単位（セグメント）で実績データを集計することが会社にとって有益か，また，そのセグメントで集計することが現実的かどうかという視点からセグメント区分を決定する必要があります。

　【図表6-2-3】や【図表6-2-4】の例ように，子会社のグルーピングによって事業単位に区分し，業績を把握できるのであれば，子会社の個別財務諸表をさらに細かく分離する必要はありません。しかしながら，【図表6-2-5】のように親会社もしくは親会社および子会社が複数の事業にまたがる場合や，1つの事業をさらに商品やサービス別に分離して業績を把握したい場合には，個別財務諸表を事業単位や商品単位，サービス単位の細かい区分に分離してデータを集める必要があります。より細かい単位で分析したい場合には，親会

社および子会社の個別財務諸表数値が細かい単位で分解可能かどうかを検討します。

例えば，売上高と売上原価は商品単位で分解できるものの，販売費及び一般管理費は商品単位での分解は難しい場合もあるでしょう。そのような場合は，売上高と売上原価は商品別に分解した情報を収集し，それ以外は会社単位での情報を収集する（すなわち，セグメント別に分解しない）という方法が考えられます。いたずらに細かく情報を分けて収集する方針としてしまうと，子会社側で無理やりセグメント別に情報を分解しなければならないケースが生じてしまいます。子会社で無理やりデータを分けてしまうと，そこに恣意性や間違いが発生します。子会社側で管理可能な区分での情報を収集し，セグメント別に管理していない情報については親会社側でそれらをどうセグメント別に分解するのか，または分解しないのかを検討する必要があります。

【管理連結でのセグメント区分の検討】
- ✓ どのようなセグメント区分でデータを収集するか
- ✓ どの項目をセグメント別に収集するか

(3) セグメント情報作成用データの収集

セグメント区分が決まったら，**各子会社からどのように情報を収集するかを検討します。**

例えば，セグメント区分を商品別の区分とし，各子会社からは売上高と売上原価のみを商品別に収集するという方針にした場合には，子会社から収集する情報のイメージは以下のようになります。

図表6-2-6　セグメント別情報の収集フォーマットサンプル

科目	子会社個別財務諸表	A商品	B商品	C商品
売上高	1,180,000	500,000	300,000	380,000
売上原価	580,000	280,000	120,000	180,000
売上総利益	600,000	220,000	180,000	200,000
（売上総利益率）	50.85%	44.00%	60.00%	52.63%
販売費及び一般管理費	230,000			
営業利益	370,000			
営業外損失	115,000			
経常利益	255,000			

　また，セグメント別に個別財務諸表データの一部を収集した場合，内部取引消去データや未実現損益消去データについてもセグメント別に収集しておく必要があります。

図表6-2-7　セグメント別情報の収集（内部取引高）フォーマットサンプル

科目	相手会社	合計	A商品	B商品	C商品
売上高	親会社	105,000	80,000	5,000	20,000
売上高	子会社1	65,000	50,000	10,000	5,000
売上高	子会社2	33,000	20,000	3,000	10,000
売上高	子会社3	30,000	10,000	10,000	10,000
計		233,000	160,000	28,000	45,000
個別FS		1,180,000	500,000	300,000	380,000
大小チェック⇒		OK	OK	OK	OK

(4) セグメント内取引，セグメント間取引の反映

　連結会社間で行われた取引のうち，**同一セグメント内で行われた取引を**「セ

グメント内取引」と呼び，異なるセグメント間で行われた取引を「セグメント間取引」と呼びます。

図表6-2-8　セグメント内取引，セグメント間取引

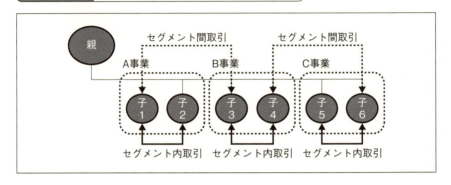

　セグメント別財務諸表を作成する場合，内部取引消去について，「セグメント内取引」として消去するのか，「セグメント間取引」として消去するのかを検討しておく必要があります。「制度連結」においては，セグメント別財務諸表を作成する際は，「セグメント内取引」は消去し，「セグメント間取引」は消去せずに作成します。「セグメント間取引」は，すべてのセグメントを合算した連結財務諸表においては消去しますが，各セグメント別の連結財務諸表では当該セグメントにおける取引実績として表示します。

　一方，「管理連結」では明確なルールがないため，**「セグメント間取引」を各セグメント別の財務諸表にどのように表示するかを検討しておく必要があります**。表示方法としては次の3つの方法があります。

> パターン1：セグメント間取引は，各セグメント別情報には影響させない方法
> パターン2：セグメント間取引のうち，一部を各セグメントに配分する方法
> パターン3：セグメント間取引は，各セグメント情報にすべて配分する方法

第6章 その他の論点　165

<設例>セグメント別損益計算書（営業利益）の作成

下記の条件に基づいて，当期のセグメント別損益計算書（営業利益まで）を作成しなさい。なお，親会社は純粋持株会社であり，事業は行っていない。

（条件）

当社には100％子会社が4社あり，A事業およびB事業を営んでいる。

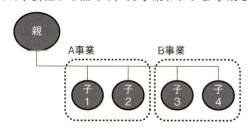

当期の連結財務諸表は以下のとおりであった。

科目	親会社 P/L	子会社1 P/L	子会社2 P/L	子会社3 P/L	子会社4 P/L	合算	消去	連結 P/L
売上高	19,000	100,000	150,000	80,000	50,000	399,000	△99,000	300,000
売上原価	0	50,000	75,000	32,000	15,000	172,000	△80,000	92,000
売上総利益	19,000	50,000	75,000	48,000	35,000	227,000	△19,000	208,000
販売費及び一般管理費	5,000	10,000	15,000	9,600	7,000	46,600	△19,000	27,600
営業利益	14,000	40,000	60,000	38,400	28,000	180,400	0	180,400

売上高の消去内訳は以下のとおりであり，未実現利益は生じていない。

相手会社＼自社	親会社	子会社1	子会社2	子会社3	子会社4	合算
親会社						0
子会社1	5,000					5,000
子会社2	7,500	20,000		10,000		37,500
子会社3	4,000	20,000				24,000
子会社4	2,500	20,000		10,000		32,500
売上高（内部取引）	19,000	60,000	0	20,000	0	99,000

<解説>

子会社1と子会社2がA事業，子会社3と子会社4がB事業であるため，内部取引高をセグメント内，セグメント間取引に区別すると以下のようになります。

会社	会社事業	相手会社	相手会社事業	金額	セグメント間セグメント内	備考
親会社	全社	子会社1	A事業	5,000	間	子会社は販管費に計上
親会社	全社	子会社2	A事業	7,500	間	子会社は販管費に計上
親会社	全社	子会社3	B事業	4,000	間	子会社は販管費に計上
親会社	全社	子会社4	B事業	2,500	間	子会社は販管費に計上
子会社1	A事業	子会社2	A事業	20,000	内	
子会社1	A事業	子会社3	B事業	20,000	間	
子会社1	A事業	子会社4	B事業	20,000	間	
子会社3	B事業	子会社2	A事業	10,000	間	
子会社3	B事業	子会社4	B事業	10,000	内	
合計				99,000		

① パターン1：セグメント間取引は，各セグメント別情報に影響させない方法

A事業およびB事業のセグメント別損益計算書を作成する際は，**各事業セグメント内の取引のみを消去して作成するパターン**です（制度連結と同じ）。

A事業B事業それぞれのセグメント別損益計算書の作成は，各事業に属する子会社の財務諸表をまず合算し，セグメント内取引を消去して作成します。

①-1 A事業のセグメント別損益計算書の作成

パターン1でのA事業のセグメント別損益計算書は，A事業に属する子会社1および子会社2の個別財務諸表を合算し，消去列において，A事業内の取引（子会社1から子会社2への売上高20,000円）のみを消去して作成します。

<A事業のセグメント別損益計算書>

科目	子会社1 P/L	子会社2 P/L	合算	消去	A事業 P/L
売上高	100,000	150,000	250,000	△20,000	230,000
売上原価	50,000	75,000	125,000	△20,000	105,000
売上総利益	50,000	75,000	125,000	0	125,000
販売費及び一般管理費	10,000	15,000	25,000		25,000
営業利益	40,000	60,000	100,000		100,000

①-2　B事業のセグメント別損益計算書の作成

パターン1でのB事業のセグメント別損益計算書は，B事業に属する子会社3および子会社4の個別財務諸表を合算し，B事業内の取引（子会社3から子会社4への売上高10,000円）のみを消去して作成します。

<B事業のセグメント別損益計算書>

科目	子会社3 P/L	子会社4 P/L	合算	消去	B事業 P/L
売上高	80,000	50,000	130,000	△10,000	120,000
売上原価	32,000	15,000	47,000	△10,000	37,000
売上総利益	48,000	35,000	83,000	0	83,000
販売費及び一般管理費	9,600	7,000	16,600		16,600
営業利益	38,400	28,000	66,400		66,400

①-3　連結損益計算書

パターン1での連結損益計算書は，各セグメント別損益計算書を合算し，A事業B事業間の取引および親会社（全社）との取引を消去し，さらに親会社の全社費用（親会社単体の販売費及び一般管理費）を加味して作成します。

<連結損益計算書>

科目	A事業 P/L	B事業 P/L	合算	セグメント間消去及び全社	連結 P/L
売上高	230,000	120,000	350,000	△ 50,000	300,000
売上原価	105,000	37,000	142,000	△ 50,000	92,000
売上総利益	125,000	83,000	208,000	0	208,000
販売費及び一般管理費	25,000	16,600	41,600	△ 14,000	27,600
営業利益	100,000	66,400	166,400	14,000	180,400

※ 「セグメント間消去及び全社」の列の売上高(売上原価)の金額は、A事業B事業間の取引の消去額(子会社1から子会社3への売上高20,000円,子会社1から子会社4への売上高20,000円,子会社3から子会社2への売上高10,000円)です。

※ 「セグメント間消去及び全社」の列の販売費及び一般管理費の金額は、全社費用である親会社の販売費及び一般管理費5,000円と,子会社で計上した販売費及び一般管理費のうち,親会社に対するものの消去額(子会社1は5,000円,子会社2は7,500円,子会社3は4,000円,子会社4は2,500円)です。

② パターン2:セグメント間取引のうち,一部を各セグメントに配分する方法

パターン1におけるセグメント内取引,セグメント間取引の各セグメント別財務諸表への反映方法は,制度連結に近いやり方です。管理連結にはルールはないため,セグメント内間取引をどのようにセグメント別損益計算書に反映させるかは会社で自由に決めることができるので,他の反映の仕方も考えられます。例えば,親会社はどの事業にも属しておらず,**親会社で計上した売上高は各子会社から受け取ったもの(子会社側では販売費及び一般管理費)であるため,当該内部取引額を各事業のセグメント別損益計算書に反映させる**という方法も考えられます。その場合の各事業のセグメント別損益計算書は以下のようになります。

②-1 A事業のセグメント別損益計算書の作成

パターン2でのA事業のセグメント別損益計算書は,A事業に属する子会社1および子会社2の個別財務諸表を合算し,消去列において,A事業内の

取引（子会社1から子会社2への売上高20,000円）を消去するとともに，親会社に対して計上した販売費及び一般管理費（子会社1は5,000円，子会社2は7,500円）をA事業のセグメント別損益計算書からは消去して作成します。

＜A事業のセグメント別損益計算書＞

科目	子会社1 P/L	子会社2 P/L	合算	消去	A事業 P/L
売上高	100,000	150,000	250,000	△ 20,000	230,000
売上原価	50,000	75,000	125,000	△ 20,000	105,000
売上総利益	50,000	75,000	125,000	0	125,000
販売費及び一般管理費	10,000	15,000	25,000	△ 12,500	12,500
営業利益	40,000	60,000	100,000	12,500	112,500

②-2　B事業のセグメント別損益計算書の作成

パターン2でのB事業のセグメント別損益計算書は，B事業に属する子会社3および子会社4の個別財務諸表を合算し，消去列において，B事業内の取引（子会社3から子会社4への売上高10,000円）を消去するとともに，親会社に対して計上した販売費及び一般管理費（子会社3は4,000円，子会社4は2,500円）をB事業のセグメント別損益計算書からは消去して作成します。

＜B事業のセグメント別損益計算書＞

科目	子会社3 P/L	子会社4 P/L	合算	消去	B事業 P/L
売上高	80,000	50,000	130,000	△ 10,000	120,000
売上原価	32,000	15,000	47,000	△ 10,000	37,000
売上総利益	48,000	35,000	83,000	0	83,000
販売費及び一般管理費	9,600	7,000	16,600	△ 6,500	10,100
営業利益	38,400	28,000	66,400	6,500	72,900

②-3　連結損益計算書

パターン2での連結損益計算書は，上述のセグメント別損益計算書を合算し，

A事業B事業間の取引および親会社（全社）との取引を消去して作成します。

＜連結損益計算書＞

科目	A事業 P/L	B事業 P/L	合算	セグメント間消去及び全社	連結 P/L
売上高	230,000	120,000	350,000	△ 50,000	300,000
売上原価	105,000	37,000	142,000	△ 50,000	92,000
売上総利益	125,000	83,000	208,000	0	208,000
販売費及び一般管理費	12,500	10,100	22,600	5,000	27,600
営業利益	112,500	72,900	185,400	△ 5,000	180,400

この時、「セグメント間消去及び全社」列の「販売費及び一般管理費」の金額は、親会社単体で計上した販売費及び一般管理費となります。

③ パターン3：セグメント間取引は、各セグメント情報にすべて配分する方法

パターン1およびパターン2は、セグメント間取引は各セグメント別損益計算書には反映させず、連結損益計算書を作成する際の調整額とする方法でした。これに対し、**セグメント間取引についても各セグメント別損益計算書に反映させる方法**も考えられます。この場合、例えばA事業からB事業に対する売上を売上はA事業から消去し、仕入（売上原価）はB事業から消去してしまうと、各セグメント別の利益が歪んでしまいます。

セグメント間取引を各事業から単純に消去した場合

＜A事業のセグメント別損益計算書＞

科目	子会社1 P/L	子会社2 P/L	合算	セグメント内消去	セグメント間消去	A事業 P/L
売上高	100,000	150,000	250,000	△ 20,000	※1 △ 40,000	190,000
売上原価	50,000	75,000	125,000	△ 20,000	※2 △ 10,000	95,000
売上総利益	50,000	75,000	125,000	0	△ 30,000	95,000
販売費及び一般管理費	10,000	15,000	25,000		△ 12,500	12,500
営業利益	40,000	60,000	100,000		△ 17,500	82,500

<B事業のセグメント別損益計算書>

科目	子会社3 P/L	子会社4 P/L	合算	セグメント内消去	セグメント間消去	B事業 P/L
売上高	80,000	50,000	130,000	△10,000	※2 △10,000	110,000
売上原価	32,000	15,000	47,000	△10,000	※1 △40,000	△3,000
売上総利益	48,000	35,000	83,000	0	30,000	113,000
販売費及び一般管理費	9,600	7,000	16,600		△6,500	10,100
営業利益	38,400	28,000	66,400		36,500	102,900

　上記のA事業およびB事業のセグメント別損益計算書における,「セグメント間消去」列を見てください。※1の消去金額は,子会社1から子会社3および子会社4向けに売り上げた金額(子会社3向け売上高20,000円,子会社4向け売上高20,000円)です。この金額を売上高はA事業から消去し,仕入高(売上原価)はB事業から消去してしまうと,A事業の売上総利益から売上高全額が消去され,その分,B事業の売上総利益が同額増えることになります。※2の金額は逆に子会社3から子会社2向けに売り上げた金額(子会社2向け売上高10,000円)であるため,売上高はB事業から消去され,仕入高(売上原価)はA事業から消去されています。結果として,B事業の売上総利益から売上高全額が消去され,その分,A事業の売上総利益が同額増えています。

　このように,セグメント間取引をセグメント別損益に反映させようとすると,単純に消去したのでは,それぞれの売上総利益が歪んでしまいます。

図表6-2-9　セグメント間取引を単純に消去した場合のイメージ

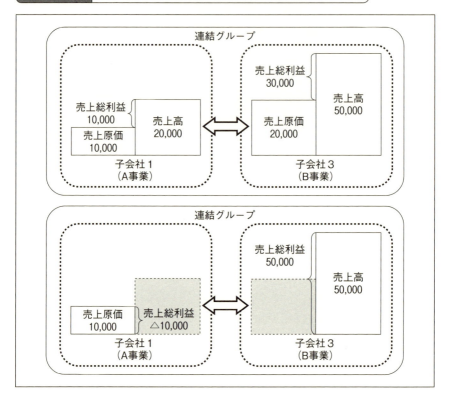

歪まないようにするためにはいくつかの方法が考えられます。

1つの方法として，**販売側の売上高とそれに見合う売上原価を消去し，差額の売上総利益分は購入側の売上原価から消去する方法**があります。これによって，**販売側で計上した当該取引にかかわる利益は，購入側の利益として認識**されることになります。

図表 6-2-10　販売側の損益を取り消して購入側に付け替える方法

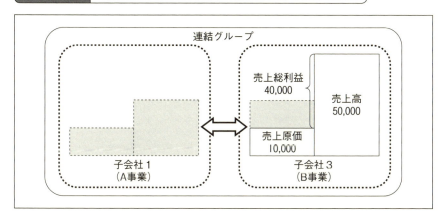

　この方法で作成する場合は，あらかじめ販売側の利益率（原価率）を決めておき，その率を用いてセグメント間売上高に対応する売上原価を算定し，販売側の売上高および売上原価から消去します。差額の売上総利益の分だけ，購入側の売上原価から消去します。このようにして作成したセグメント別損益計算書は以下のようになります。

販売側の損益を取り消して購入側に付け替えた場合のセグメント別損益計算書

＜A事業のセグメント別損益計算書＞

科目	子会社1 P/L	子会社2 P/L	合算	セグメント内消去	セグメント間消去A→B	セグメント間消去B→A	セグメント間消去全体	A事業 P/L
売上高	100,000	150,000	250,000	△20,000	※1 △40,000			190,000
売上原価	50,000	75,000	125,000	△20,000	※1 △20,000	※2 △6,000		79,000
売上総利益	50,000	75,000	125,000	0	※1 △20,000	6,000		111,000
販売費及び一般管理費	10,000	15,000	25,000		0	0	△12,500	12,500
営業利益	40,000	60,000	100,000		△20,000	6,000	12,500	98,500
原価率	50.00%	50.00%						41.58%

<B事業のセグメント別損益計算書>

科目	子会社3 P/L	子会社4 P/L	合算	セグメント内消去	セグメント間消去B→A	セグメント間消去A→B	セグメント間消去全社	B事業 P/L
売上高	80,000	50,000	130,000	△10,000	※2 △10,000			110,000
売上原価	32,000	15,000	47,000	△10,000	※2 △4,000	※1 △20,000		13,000
売上総利益	48,000	35,000	83,000	0	※2 △6,000	20,000		97,000
販売費及び一般管理費	9,600	7,000	16,600		0	0	△6,500	10,100
営業利益	38,400	28,000	66,400		△6,000	20,000	6,500	86,900
原価率	40.00%	30.00%						11.82%

<連結損益計算書>

科目	A事業 P/L	B事業 P/L	合算	全社費用	連結 P/L
売上高	190,000	110,000	300,000	0	300,000
売上原価	79,000	13,000	92,000	0	92,000
売上総利益	111,000	97,000	208,000	0	208,000
販売費及び一般管理費	12,500	10,100	22,600	5,000	27,600
営業利益	98,500	86,900	185,400	△5,000	180,400
原価率	41.58%	11.82%			30.67%

　A事業のセグメント別損益計算書の「セグメント間消去A→B」列（※1）を見てください。子会社1から子会社3および子会社4に向けた売上高40,000円と，それに対応する売上原価20,000円をこの列で消去しています。売上原価の金額は，子会社1の個別財務諸表における原価率を利用して計算しています。一方，B事業のセグメント別損益計算書の「セグメント間消去A→B」列（※1）を見てください。A事業のセグメント間売上にて計上した売上総利益の分だけ，B事業の売上原価からマイナスしています。結果として，セグメント間売上高によって計上された利益20,000円はB事業の利益となっていることがわかります。

「セグメント間消去B→A」列も同様です。今度はB事業のA事業に対するセグメント間売上高10,000円によって計上された売上総利益6,000円（原価率は子会社3の個別財務諸表の原価率40％を利用）がA事業の売上原価からマイナスされ（※2），結果としてA事業の利益となっていることがわかります。

この方法では，販売側での取引は何もなかったことになってしまうため，もし，この取引に対して販売費及び一般管理費が計上されている場合には，その分だけが販売側の事業損益に残ってしまうという課題があります。

その課題をクリアするために，**各セグメントで計上した利益はそのままとし，両ふくらみとなっている売上高と売上原価だけを消去するという方法**もあります。この方法の場合は，**セグメント内取引消去もセグメント間取引消去もセグメント利益には影響は及ぼしません**。

図表 6-2-11　それぞれの利益は各事業に残しておき，売上高と売上原価をそれぞれのセグメント別損益計算書から消去する方法

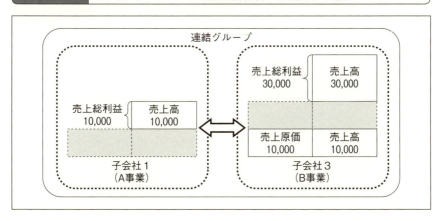

【図表6-2-11】を見てください。少し複雑になりますが，それぞれの事業にて計上した損益はそのまま損益として残したままとし，内部取引となる売上高と売上原価をそれぞれのセグメント別損益計算書から消去しています。

この方法で作成したセグメント別損益計算書は以下のようになります。

それぞれの利益は各事業に残しておき，売上高と売上原価をそれぞれのセグメント別損益計算書から消去した場合のセグメント別損益計算書

＜A事業のセグメント別損益計算書＞

科目	子会社1 P/L	子会社2 P/L	合算	セグメント 内消去	セグメント 間消去A→B	セグメント 間消去B→A	セグメント 間消去全社	A事業 P/L
売上高	100,000	150,000	250,000	△20,000	※1 △20,000	※2 △6,000		204,000
売上原価	50,000	75,000	125,000	△20,000	※1 △20,000	※2 △6,000		79,000
売上総利益	50,000	75,000	125,000	0	0	0	0	125,000
販売費及び一般管理費	10,000	15,000	25,000				△12,500	12,500
営業利益	40,000	60,000	100,000	0	0	0	12,500	112,500
原価率	50.00%	50.00%						38.73%

＜B事業のセグメント別損益計算書＞

科目	子会社3 P/L	子会社4 P/L	合算	セグメント 内消去	セグメント 間消去B→A	セグメント 間消去A→B	セグメント 間消去全社	B事業 P/L
売上高	80,000	50,000	130,000	△10,000	※2 △4,000	※1 △20,000		96,000
売上原価	32,000	15,000	47,000	△10,000	※2 △4,000	※1 △20,000		13,000
売上総利益	48,000	35,000	83,000	0	0	0	0	83,000
販売費及び一般管理費	9,600	7,000	16,600				△6,500	10,100
営業利益	38,400	28,000	66,400	0	0	0	6,500	72,900
原価率	40.00%	30.00%						13.54%

＜連結損益計算書＞

科目	A事業 P/L	B事業 P/L	合算	セグメント 間消去及び全社	連結 P/L
売上高	204,000	96,000	300,000	0	300,000
売上原価	79,000	13,000	92,000	0	92,000
売上総利益	125,000	83,000	208,000	0	208,000
販売費及び一般管理費	12,500	10,100	22,600	5,000	27,600
営業利益	112,500	72,900	185,400	△5,000	180,400
	38.73%	13.54%			30.67%

第6章　その他の論点　177

　A事業のセグメント別損益計算書の「セグメント間消去A→B」列（※1）を見てください。子会社1から子会社3および子会社4に向けた売上高40,000円を全額消去するのではなく，この方法では利益は消去せず，原価部分だけを消去しています（セグメント間売上高40,000円×子会社1の原価率50％＝20,000円）。B事業のセグメント別損益計算書の「セグメント間消去A→B」列（※1）を見てください。A事業のセグメント間売上高に対する利益部分は，購入側であるB事業の原価に含まれているため，B事業の売上原価および売上高から利益額だけを消去しています。「セグメント間売上高B→A」についても同様のしくみです。B事業側ではセグメント売上高全額を消去するのではなく，原価部分だけを売上高と売上原価から消去しています（※2）（セグメント間売上高10,000円×子会社3の原価率40％＝4,000円）。ここで消去していない利益部分については，A事業のセグメント別損益計算書の「セグメント間売上高B→A」列（※2）で，売上高および売上原価から消去しています。結果として，セグメント間で両建てとなっている売上高と売上原価はそれぞれで消去されているものの，利益の付け替えは行わず，各セグメント利益として認識しています。

　以上のように，セグメント間取引をどう消去するかはさまざまな方法があります。セグメント区分を細かくすればするほど，セグメント間取引の発生する可能性が高まり，**セグメント間取引をどのように消去するかをあらかじめ決めておかなくてはなりません。**

【セグメント間取引の反映方法の検討】
- ✓　セグメント間取引は存在するか
- ✓　セグメント間取引はセグメント別損益計算書に含めるか否か
- ✓　セグメント間取引をセグメント別損益計算書に含める場合には，どのように反映させるか

(5) 共通費の配賦

　前述の設例では，親会社は事業を営んでおらず，親会社で計上した販売費及び一般管理費は「全社費用」として，各セグメント別損益（営業利益）には反映させず，連結損益計算書を作成する際の調整額としていました。

　このような事業に直課できない費用（親会社の管理部門等で発生した費用など）をどのように扱うかについても特に決まったルールはないため，**各セグメント別損益には影響させるか否かをあらかじめ決めておく必要があります。**

　これらの費用を「連結グループ全体に係る費用なので，各事業には負担させず，全社費用として計上する」方法もあれば，「連結グループ全体に係る費用なので，一定の配賦ルールに基づいて各事業損益に負担させる」という考え方もあります。もし，後者を採用する場合には，あらかじめ配賦ルール（配賦基準）も決めておく必要があります。

【共通費の取扱いに関する検討】
- ✓ 共通費をセグメント別損益に反映させるか否か
- ✓ 反映させる場合には，何を基準に配賦するか

　共通費を各セグメントに反映させる場合の配賦基準としては以下のようなものが考えられます。

- ・各セグメントの売上高に基づき配賦する
- ・各セグメントの営業利益に基づき配賦する
- ・上記以外の情報に基づき配賦する

　先ほどの設例のパターン2を前提として，共通費を各事業に配賦した場合は，以下のような連結損益計算書となります。なお，配賦基準は営業利益とします。

連結損益計算書(共通費を配賦する場合)

科目	A事業 P/L	B事業 P/L	合算	セグメント間消去及び全社	連結 P/L
売上高	230,000	120,000	350,000	△ 50,000	300,000
売上原価	105,000	37,000	142,000	△ 50,000	92,000
売上総利益	125,000	83,000	208,000	0	208,000
販売費及び一般管理費	12,500	10,100	22,600		22,600
営業利益(貢献利益)	112,500	72,900	185,400	0	185,400
共通費配賦	3,034	1,966	5,000		5,000
営業利益(共通費配賦後)	109,466	70,934	180,400	0	180,400

　この連結損益計算書では,親会社で計上した販売費及び一般管理費5,000円は,各事業の列にて配賦しています。

　配賦基準の考え方も特にルールはありません。今回の例では,各事業の共通費配賦前の営業利益の割合に応じて配賦しています。

　A事業への共通費配賦額3,034円
　　=共通費5,000円×A事業貢献利益112,500円÷合算貢献利益185,400円
　B事業への共通費配賦額1,966円
　　=共通費5,000円×B事業貢献利益72,900円÷合算貢献利益185,400円

3 連結キャッシュ・フロー計算書作成の進め方

(1) キャッシュ・フロー計算書とは

　現在の制度連結においては，連結損益計算書，連結貸借対照表のほか，連結キャッシュ・フロー計算書も作成しなければなりません。キャッシュ・フロー計算書とは，一会計期間における企業の資金（キャッシュ）の増減を示した書類です。キャッシュ・フロー計算書を見ることによって，企業が一会計期間において，資金（キャッシュ）をどのように増やしどのように使っているか，結果としてどれだけの資金（キャッシュ）を持っているのかを把握することができ，当該企業の債務の支払能力，資金調達の必要性など，企業の資金の利用状況を確認することができます。

　連結損益計算書や連結貸借対照表は過去の情報を集計した書類であるのに対し，**連結キャッシュ・フロー計算書は企業の将来に向けての投資活動に関連する情報であるため，他の財務諸表と比較すると企業の将来情報を把握することのできる唯一の財務諸表**です。

　制度会計上のキャッシュ・フロー計算書は，単に資金（キャッシュ）の増減を示すだけでなく，その増減がどのような活動によって生じたものなのかがわかるようになっています。具体的には，「営業活動によるキャッシュ・フロー」「投資活動によるキャッシュ・フロー」「財務活動によるキャッシュ・フロー」の3つの活動区分別に分けて表示されます。

図表6-3-1　キャッシュ・フロー計算書の活動区分

活動区分	内容
営業活動による キャッシュ・フロー	本業によって増加もしくは減少した資金（キャッシュ）の増減を示す区分
投資活動による キャッシュ・フロー	有価証券等の取得売却や固定資産の取得売却など，余剰資金の運用や設備等の取得売却に関して増加もしくは減少した資金（キャッシュ）の増減を示す区分
財務活動による キャッシュ・フロー	株式の発行による収入や払戻しによる支出，借入金や社債などの他人資本の調達返済に関する収入や支出など，資金調達活動に関して増加もしくは減少した資金（キャッシュ）の増減を示す区分

また，営業活動によるキャッシュ・フローの表示方法として，制度上では，「直接法」と「間接法」の2つの表示方法があります。

「直接法」とは，営業活動によって生じたキャッシュ・フローの増減内容について，「営業収入」（売上による収入），「原材料又は商品の仕入れによる支出」，「人件費の支出」などの内容別に総額で表示する方法です。

図表6-3-2　直接法によるキャッシュ・フロー計算書の表示

Ⅰ	営業活動によるキャッシュ・フロー	
	営業収入	33,000
	原材料又は商品の仕入れによる支出	△ 15,000
	人件費の支出	△ 5,000
	その他の営業支出	△ 8,000
	小計	5,000
	利息及び配当金の受取額	500
	利息の支払額	△ 300
	法人税等の支払額	△ 1,000
	営業活動によるキャッシュ・フロー	4,200
Ⅱ	投資活動によるキャッシュ・フロー	
	有価証券の取得による支出	△ 500
	有形固定資産の取得による支出	△ 2,000
	投資活動によるキャッシュ・フロー	△ 2,500

Ⅲ	財務活動によるキャッシュ・フロー	
	短期借入金の純増加額	250
	長期借入れによる収入	500
	長期借入金の返済による支出	△ 800
	配当金の支払額	△ 1,200
	財務活動によるキャッシュ・フロー	△ 1,250
Ⅳ	現金及び現金同等物に係る換算差額	50
Ⅴ	現金及び現金同等物の増減額	500
Ⅵ	現金及び現金同等物の期首残高	1,500
Ⅶ	現金及び現金同等物の期末残高	2,000

　一方「間接法」とは，損益計算書の「税金等調整前当期純利益」に対して，減価償却費などの非資金損益項目（資金（キャッシュ）の出入りを伴わない損益項目）等を調整し，営業活動による資金（キャッシュ）の増減額を示す表示方法です。

図表6-3-3　間接法によるキャッシュ・フロー計算書の表示（営業活動によるキャッシュ・フロー）

Ⅰ	営業活動によるキャッシュ・フロー	
	税金等調整前当期純利益	2,900
	減価償却費	500
	受取利息及び受取配当金	△ 600
	支払利息	450
	為替差損	△ 50
	売上債権の減少額	3,000
	仕入債務の減少額	△ 2,000
	その他	800
	小計	5,000
	利息及び配当金の受取額	500
	利息の支払額	△ 300
	法人税等の支払額	△ 1,000
	営業活動によるキャッシュ・フロー	4,200

　制度会計上，「直接法」と「間接法」のどちらを採用してもよいということになっています。「間接法」は，貸借対照表と損益計算書をベースとして，足

りない情報を追加して作成することができるため，現在の制度上では，ほとんどの企業が「間接法」によるキャッシュ・フロー計算書を開示しています。

　管理会計上は特に表示ルールなどもないため，どういう目的で管理会計上の連結キャッシュ・フロー計算書が必要で，それによって何を判断したいのかによって作り方や表示の仕方が変わってきます。

　まずは目的を明確にして，表示方法や作成方法を検討しましょう。

【管理連結における連結キャッシュ・フロー計算書の検討事項】
- ✓ どのような表示方法とするか
- ✓ どのように作成するか

(2) 直接法と間接法によるキャッシュ・フロー計算書のしくみ

　それでは，直接法と間接法によるキャッシュ・フロー計算書のしくみについて，簡単な数値例で確認しておきましょう。

＜設例＞
　前期および当期の貸借対照表と当期の損益計算書およびその他の補足情報は以下のとおりであった。
　この情報に基づき，「直接法」によるキャッシュ・フロー計算書および「間接法」によるキャッシュ・フロー計算書を作成しなさい。

貸借対照表	前期	当期	増減	増減内容
現金	1,500	2,000	500	
有価証券	500	1,000	500	
売上債権	9,500	6,500	(3,000)	
未収利息	100	200	100	
有形固定資産	2,000	3,500	1,500	減価償却費（500），取得による増加2,000

仕入債務	(6,000)	(4,000)	2,000	
未払利息	(200)	(350)	(150)	
未払金	(200)	(1,000)	(800)	未払給与（500），未払経費（300）
未払法人税等	(800)	(1,300)	(500)	
短期借入金	(250)	(500)	(250)	
長期借入金	(1,300)	(1,000)	300	新規借入れ（500），返済800
資本金	(3,000)	(3,000)	0	
利益剰余金	(1,850)	(2,050)	(200)	当期純利益（1,400），配当金1,200
（貸借一致チェック）	0	0	0	

※貸方金額にはカッコ（ ）をつけて表示している

損益計算書	当期
売上高	(30,000)
売上原価	13,000
給与手当	5,500
減価償却費	500
その他	8,300
営業利益	(2,700)
受取利息	(600)
支払利息	450
為替差益	(50)
経常利益	(2,900)
税金等調整前当期純利益	(2,900)
法人税等	1,500
当期純利益	(1,400)

利益剰余金増減	当期
利益剰余金期首残高	(1,850)
当期純利益	(1,400)
配当金	1,200
利益剰余金期末残高	(2,050)

＜解説＞

① 直接法によるキャッシュ・フロー計算書

　損益計算書の各項目に，貸借対照表の増減データを加味してキャッシュ・フ

ロー計算書を作成します。

　例えば，営業収入を考えてみましょう。営業収入は売上によって実際に入ってきた収入額を示します。売上債権がある場合には，売上高＝営業収入とはならず，売上債権の増減を加味して営業収入を計算する必要があります。それでは，＜設例＞に基づいて売上債権勘定の内訳を確認してみましょう。

売上債権勘定の増減

　このように，貸借対照表の前期と当期の残高と，損益計算書の項目を加減算することで，当期の減少額，すなわち売上債権の回収による収入額（営業収入）を計算することができます。同様に，未収利息，有形固定資産，仕入債務，未払利息，未払金（人件費），未払金，未払法人税等，長期借入金についても各勘定科目の増減明細を作成してみましょう。

各勘定の増減（網掛け部分はキャッシュ・フロー）

仕入債務			
当期減少 （当期支払） 15,000		期首残高	6,000
		当期増加 （当期発注）	13,000
期末残高 4,000			

未払金（人件費）			
当期減少 （当期支払）	5,000	期首残高	0
		当期増加 （当期発生）	5,500
期末残高	500		

※便宜上，期首残高を0として計算している

未払金（その他）			
当期減少 （当期支払）	8,000	期首残高	200
		当期増加 （当期発生）	8,300
期末残高	500		

※便宜上，期首残高を200として計算している

未収利息			
期首残高	100	当期減少 （当期回収）	500
当期増加 （当期発生）	600	期末残高	200

未払法人税等			
当期減少 （当期支払）	1,000	期首残高	800
期末残高	1,300	当期増加 （当期発生）	1,500

未払利息			
当期減少 （当期返済）	300	期首残高	200
期末残高	350	当期増加 （当期発生）	450

有形固定資産			
期首残高	2,000	減価償却費	500
当期増加	2,000	期末残高	3,500

長期借入金			
当期返済	800	期首残高	1,300
期末残高	1,000	当期増加	500

よって，直接法によるキャッシュ・フロー計算書は以下のようになります。

Ⅰ　営業活動によるキャッシュ・フロー			
営業収入		33,000	＝売上高30,000＋売上債権減少3,000
原材料又は商品の仕入による支出		△ 15,000	＝売上原価（13,000）＋仕入債務減少（2,000）
人件費の支出		△ 5,000	＝給与手当（5,500）＋未払金増加500
その他の営業支出		△ 8,000	＝その他経費（8,300）＋未払金増加300

	小計	5,000	
	利息及び配当金の受取額	500	＝受取利息600＋未収利息増加（100）
	利息の支払額	△ 300	＝支払利息（450）＋未払利息増加150
	法人税等の支払額	△ 1,000	＝法人税等（1,500）＋未払法人税増加500
	営業活動によるキャッシュ・フロー	4,200	
Ⅱ	投資活動によるキャッシュ・フロー		
	有価証券の取得による支出	△ 500	＝有価証券増加（500）…未払金は存在しない
	有形固定資産の取得による支出	△ 2,000	＝有形固定資産増加（2,000）…未払金は存在しない
	投資活動によるキャッシュ・フロー	△ 2,500	
Ⅲ	財務活動によるキャッシュ・フロー		
	短期借入金の純増加額	250	＝短期借入金増減額250…短期借入金は純額表示も可
	長期借入れによる収入	500	＝長期借入金増加額500
	長期借入金の返済による支出	△ 800	＝長期借入金減少額（800）
	配当金の支払額	△ 1,200	＝支払配当（1,200）…未払金は存在しない
	財務活動によるキャッシュ・フロー	△ 1,250	
Ⅳ	現金及び現金同等物に係る換算差額	50	＝為替差益50
Ⅴ	現金及び現金同等物の増減額	500	
Ⅵ	現金及び現金同等物の期首残高	1,500	
Ⅶ	現金及び現金同等物の期末残高	2,000	

② 間接法によるキャッシュ・フロー計算書

間接法の場合，税金等調整前当期純利益からスタートし，損益とキャッシュ・フローの差額となる項目および営業活動以外の活動に係る損益項目を調整して営業活動によるキャッシュ・フロー（小計）を表示します。今回の＜設例＞に基づいて作成した間接法表示によるキャッシュ・フロー計算書は以下のとおりです。

（営業活動によるキャッシュ・フローの小計まで）

Ⅰ	営業活動によるキャッシュ・フロー		
	税金等調整前当期純利益	2,900	P/L 税金等調整前当期純利益
	減価償却費	500	非資金損益項目の調整
	受取利息及び受取配当金	△ 600	税金等調整前当期純利益に含まれている収益（受取利息）を小計欄の下へ移動
	支払利息	450	税金等調整前当期純利益に含まれている費用（支払利息）を小計欄の下へ移動

為替差益	△ 50	税金等調整前当期純利益に含まれている収益（為替差益）を現金及び現金同等物の換算差額へ移動
売上債権の減少額	3,000	売上債権の増減額（損益とキャッシュ・フローの差額）
仕入債務の減少額	△ 2,000	仕入債務の増減額（損益とキャッシュ・フローの差額）
その他	800	未払金の増減額（損益とキャッシュ・フローの差額）
小計	5,000	

③ 貸借対照表項目とキャッシュ・フローの関係

　直接法であれ，間接法であれ，損益とキャッシュ・フローの違いが生じる原因は，現金及び現金同等物以外の貸借対照表項目であることがわかります。

　すべてが現金取引であり，現金以外の資産および負債が存在しなければ，利益剰余金の増減額（当期純利益－支払配当）＝キャッシュ・フロー（現金及び現金同等物の増減額）という等式が成り立ちます。逆にいうと，現金以外の資産および負債の増減を当期純利益に加減算することで，キャッシュ・フローの金額を求めることができます。

　管理会計におけるキャッシュ・フロー計算書は厳密には作成する必要はないため，この原理を利用して必要な情報を作成できるような準備を進めておくとよいでしょう。

(3) 連結キャッシュ・フロー計算書の作成方法

　連結キャッシュ・フロー計算書の作成方法として，「原則法」と「簡便法」の２通りの作成方法があります。

　「原則法」とは，親会社および子会社の個別キャッシュ・フロー計算書を作成してそれらを合算し，キャッシュ・フロー内部取引を消去して連結キャッシュ・フロー計算書を作成する方法です。

図表6-3-4　原則法による連結キャッシュ・フロー計算書の作成

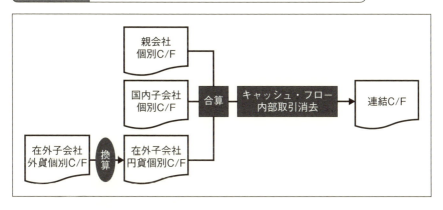

一方,「簡便法」とは,連結貸借対照表の前期と当期の差額データと,当期の連結損益計算書の情報に基づいて連結キャッシュ・フロー計算書を作成する方法です。

図表6-3-5　簡便法による連結キャッシュ・フロー計算書の作成

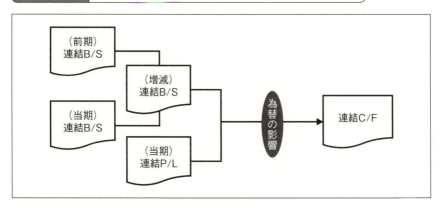

在外子会社がなければ,理論上はどちらの作成方法によっても同じ結果となります。在外子会社がある場合に,簡便法にて為替の調整を行わなかった場合には,原則法と簡便法では異なる結果となります。

管理連結上は特に作成方法に関するルールなどはありませんので，どのように作成するかをあらかじめ検討しておく必要があります。

それでは，以下の＜設例＞に基づいて，原則法および簡便法それぞれの方法で連結キャッシュ・フロー計算書を作成してみましょう。なお，表示方法はどちらも間接法とします。

＜設例＞
- 親会社は，前期末に1,000円を出資して100％子会社を設立した。
- 親会社および子会社の個別貸借対照表（前期，当期）および個別損益計算書（当期）は【資料】のとおりであった。
- 親会社の長期貸付金のうち子会社に対するものは2,000円，子会社の長期借入金のうち親会社に対するものは2,000円であり，当期に返済はなかった。
- 親会社の受取利息500円と子会社の支払利息500円は内部取引であり，未収未払は存在していなかった。

【資料】（単位：円）

親会社

貸借対照表	前期	当期	増減
現金	2,000	2,500	500
売上債権	5,000	6,000	1,000
有形固定資産	6,000	10,000	4,000
子会社株式	1,000	1,000	0
長期貸付金	0	2,000	2,000
仕入債務	(6,000)	(4,000)	2,000
長期借入金	(1,000)	(4,000)	(3,000)
資本金	(5,000)	(5,000)	0
利益剰余金	(2,000)	(8,500)	(6,500)
（貸借一致チェック）	0	0	0

※貸方はカッコをつけて示している

損益計算書	当期
売上高	(30,000)
売上原価	15,000
減価償却費	1,000
その他販管費	8,000
受取利息	(500)
当期純利益	(6,500)

利益剰余金増減	当期
利益剰余金期首残高	(2,000)
当期純利益	(6,500)
利益剰余金期末残高	(8,500)

※1　有形固定資産増減の内訳は，取得による増加5,000円（未払いはなし）と減価償却による減少1,000円である

※2　長期貸付金増減の内訳は，全額子会社に対する当期貸付による増加2,000円である

※3　長期借入金増減の内訳は，全額銀行からの新規借入による増加3,000円である

子会社

貸借対照表	前期	当期	増減
現金	1,000	700	(300)
売上債権		2,000	2,000
有形固定資産		1,800	1,800
仕入債務		(500)	(500)
長期借入金		(2,000)	(2,000)
資本金	(1,000)	(1,000)	0
利益剰余金	0	(1,000)	(1,000)
（貸借一致チェック）	0	0	0

※貸方はカッコをつけて示している

損益計算書	当期
売上高	(10,000)
売上原価	5,000
減価償却費	200
その他販管費	3,300
支払利息	500
当期純利益	(1,000)

利益剰余金増減	当期
利益剰余金期首残高	0
当期純利益	(1,000)
利益剰余金期末残高	(1,000)

※1　有形固定資産増減の内訳は，取得による増加2,000円（未払いはなし）と減価償却による減少200円である

※2　長期借入金増減の内訳は，全額親会社からの新規借入による増加2,000円である

① 原則法による連結キャッシュ・フロー計算書の作成

原則法による連結キャッシュ・フロー計算書は，以下のステップで作成します。

＜ステップ１＞親会社および子会社の個別キャッシュ・フロー計算書の作成

＜ステップ２＞個別キャッシュ・フロー計算書を合算し，キャッシュ・フロー内部取引を消去して連結キャッシュ・フロー計算書を作成

それでは，順番に確認しておきましょう。

> ＜ステップ１＞親会社および子会社の個別キャッシュ・フロー計算書の作成
> ✓ 前期と当期の個別貸借対照表の差額に基づき，増減貸借対照表を作成します。
> ✓ 税金等調整前当期純利益に非資金損益項目等の調整を行って営業活動によるキャッシュ・フローを計算します。
> ✓ 投資活動および財務活動に係る貸借対照表項目の増減に基づき，投資活動によるキャッシュ・フロー，財務活動によるキャッシュ・フローを計算します。
> ✓ 営業活動，投資活動，財務活動のキャッシュ・フローを合計して，現金及び現金同等物の増減額を計算します。
> ✓ 現金及び現金同等物の増減額と現金及び現金同等物の期首残高を加算し，現金及び現金同等物の期末残高を計算します。

親会社の個別キャッシュ・フロー計算書

キャッシュ・フロー項目	金額	説明
税金等調整前当期純利益	6,500	当期 P/L
減価償却費	1,000	当期 P/L
受取利息及び受取配当金	△ 500	当期 P/L
売上債権の増減額	△ 1,000	B/S 増減
仕入債務の増減額	△ 2,000	B/S 増減
小計	4,000	
利息及び配当金の受取額	500	当期 P/L ＋ B/S 増減（当設例は０）
営業活動によるキャッシュ・フロー	4,500	
有形固定資産の取得による支出	△ 5,000	B/S 増減
長期貸付による支出	△ 2,000	B/S 増減
投資活動によるキャッシュ・フロー	△ 7,000	

長期借入れによる収入	3,000	B/S 増減
財務活動によるキャッシュ・フロー	3,000	
現金及び現金同等物の増減額	500	
現金及び現金同等物の期首残高	2,000	前期 B/S
現金及び現金同等物の期末残高	2,500	当期 B/S

子会社の個別キャッシュ・フロー計算書

キャッシュ・フロー項目	金額	説明
税金等調整前当期純利益	1,000	当期 P/L
減価償却費	200	当期 P/L
支払利息	500	当期 P/L
売上債権の増減額	△2,000	B/S 増減
仕入債務の増減額	500	B/S 増減
小計	200	
利息の支払額	△500	当期 P/L ＋ B/S 増減（当設例は 0）
営業活動によるキャッシュ・フロー	△300	
有形固定資産の取得による支出	△2,000	B/S 増減
投資活動によるキャッシュ・フロー	△2,000	
長期借入れによる収入	2,000	B/S 増減
財務活動によるキャッシュ・フロー	2,000	
現金及び現金同等物の増減額	△300	
現金及び現金同等物の期首残高	1,000	前期 B/S
現金及び現金同等物の期末残高	700	当期 B/S

＜ステップ２＞連結キャッシュ・フロー計算書の作成
- ✓ 親会社及び子会社の個別キャッシュ・フロー計算書を合算します。
- ✓ キャッシュ・フロー内部取引を消去します。

今回の＜設例＞において，キャッシュ・フロー内部取引は，長期貸付および借入，受取利息と支払利息の2つの取引です。それでは，連結キャッシュ・フロー計算書を作成してみましょう。

連結キャッシュ・フロー計算書（連結キャッシュ・フロー精算表）

キャッシュ・フロー項目	親会社 個別C/F	子会社 個別C/F	合算	C/F 内部取引 消去	連結C/F
税金等調整前当期純利益	6,500	1,000	7,500		7,500
減価償却費	1,000	200	1,200		1,200
受取利息及び受取配当金	△500	0	△500	500	0
支払利息	0	500	500	△500	0
売上債権の増減額	△1,000	△2,000	△3,000		△3,000
仕入債務の増減額	△2,000	500	△1,500		△1,500
小計	4,000	200	4,200	0	4,200
利息及び配当金の受取額	500	0	500	△500	0
利息の支払額	0	△500	△500	500	0
営業活動によるキャッシュ・フロー	4,500	△300	4,200	0	4,200
有形固定資産の取得による支出	△5,000	△2,000	△7,000		△7,000
長期貸付による支出	△2,000	0	△2,000	2,000	0
投資活動によるキャッシュ・フロー	△7,000	△2,000	△9,000	2,000	△7,000
長期借入れによる収入	3,000	2,000	5,000	△2,000	3,000
財務活動によるキャッシュ・フロー	3,000	2,000	5,000	△2,000	3,000
現金及び現金同等物の増減額	500	△300	200	0	200
現金及び現金同等物の期首残高	2,000	1,000	3,000		3,000
現金及び現金同等物の期末残高	2,500	700	3,200		3,200

このように，原則法にて連結キャッシュ・フロー計算書を作成する場合には，まず個別財務諸表に基づいて個別キャッシュ・フロー計算書を作成し，その後，連結グループ内部のキャッシュ・フロー取引を消去して連結キャッシュ・フ

ロー計算書を作成します。

② 簡便法による連結キャッシュ・フロー計算書の作成

それでは，同じ＜設例＞を用いて，簡便法による連結キャッシュ・フロー計算書の作成方法を確認しておきましょう。

簡便法の場合は，個別キャッシュ・フロー計算書は作成せず，連結貸借対照表と連結損益計算書をもとに，連結キャッシュ・フロー計算書を作成します。簡便法による連結キャッシュ・フローの作成手順は，個別キャッシュ・フローの作成手順と同様です。

> **簡便法による連結キャッシュ・フロー計算書の作成**
> ✓ 前期と当期の連結貸借対照表の差額に基づき，増減貸借対照表を作成します。
> ✓ 税金等調整前当期純利益に非資金損益項目等の調整を行って営業活動によるキャッシュ・フローを計算します。
> ✓ 投資活動および財務活動に係る貸借対照表項目の増減に基づき，投資活動によるキャッシュ・フロー，財務活動によるキャッシュ・フローを計算します。
> ✓ 営業活動，投資活動，財務活動のキャッシュ・フローを合計して，現金及び現金同等物の増減額を計算します。
> ✓ 現金及び現金同等物の増減額と現金及び現金同等物の期首残高を加算し，現金及び現金同等物の期末残高を計算します。

前期および当期の連結貸借対照表と当期の連結損益計算書は以下のとおりです。

前期及び当期の連結貸借対照表と当期の連結損益計算書

連結財務諸表

貸借対照表	前期	当期	増減
現金	3,000	3,200	200
売上債権	5,000	8,000	3,000
有形固定資産	6,000	11,800	5,800
子会社株式	—	—	—
長期貸付金	—	—	—
仕入債務	(6,000)	(4,500)	1,500
長期借入金	(1,000)	(4,000)	(3,000)
資本金	(5,000)	(5,000)	—
利益剰余金	(2,000)	(9,500)	(7,500)
（貸借一致チェック）	0	0	0

※貸方はカッコをつけて示している

損益計算書	当期
売上高	(40,000)
売上原価	20,000
減価償却費	1,200
その他販管費	11,300
受取利息	—
支払利息	—
当期純利益	(7,500)

利益剰余金増減	当期
利益剰余金期首残高	(2,000)
当期純利益	(7,500)
利益剰余金期末残高	(9,500)

（参考）前期および当期の連結精算表

前期連結精算表

勘定科目	親会社個別F/S	子会社個別F/S	合算	連結消去・修正仕訳	連結F/S
貸借対照表					
現金	2,000	1,000	3,000		3,000
売上債権	5,000	0	5,000		5,000
有形固定資産	6,000	0	6,000		6,000
子会社株式	1,000	0	1,000	(1,000)	0
長期貸付金	0	0	0		0
仕入債務	(6,000)	0	(6,000)		(6,000)
長期借入金	(1,000)	0	(1,000)		(1,000)
資本金	(5,000)	(1,000)	(6,000)	1,000	(5,000)
利益剰余金	(2,000)	0	(2,000)		(2,000)

※貸方はカッコをつけて示している

当期連結精算表

勘定科目	親会社個別F/S	子会社個別F/S	合算	連結消去・修正仕訳	連結F/S
貸借対照表					
現金	2,500	700	3,200		3,200
売上債権	6,000	2,000	8,000		8,000
有形固定資産	10,000	1,800	11,800		11,800
子会社株式	1,000	0	1,000	(1,000)	0
長期貸付金	2,000	0	2,000	(2,000)	0
仕入債務	(4,000)	(500)	(4,500)		(4,500)
長期借入金	(4,000)	(2,000)	(6,000)	2,000	(4,000)
資本金	(5,000)	(1,000)	(6,000)	1,000	(5,000)
利益剰余金	(8,500)	(1,000)	(9,500)		(9,500)
損益計算書					
売上高	(30,000)	(10,000)	(40,000)		(40,000)
売上原価	15,000	5,000	20,000		20,000
減価償却費	1,000	200	1,200		1,200
その他販管費	8,000	3,300	11,300		11,300
受取利息	(500)	0	(500)	500	0
支払利息	0	500	500	(500)	0
当期純利益	(6,500)	(1,000)	(7,500)	0	(7,500)
利益剰余金増減					
利益剰余金期首残高	(2,000)	0	(2,000)		(2,000)
当期純利益	(6,500)	(1,000)	(7,500)		(7,500)
利益剰余金期末残高	(8,500)	(1,000)	(9,500)		(9,500)

※貸方はカッコをつけて示している

　参考までに前期および当期の連結精算表を示しています。このようにして作成した連結財務諸表に基づいて作成した連結キャッシュ・フロー計算書は以下のとおりです。

簡便法による連結キャッシュ・フロー計算書

キャッシュ・フロー項目	金額	説明
税金等調整前当期純利益	7,500	当期 P/L
減価償却費	1,200	当期 P/L
受取利息及び受取配当金	—	当期 P/L
支払利息	—	当期 P/L
売上債権の増減額	△3,000	B/S 増減
仕入債務の増減額	△1,500	B/S 増減
小計	4,200	
利息及び配当金の受取額	—	当期 P/L＋B/S 増減（当設例は0）
利息の支払額	—	当期 P/L＋B/S 増減（当設例は0）
営業活動によるキャッシュ・フロー	4,200	
有形固定資産の取得による支出	△7,000	B/S 増減
長期貸付による支出	—	B/S 増減
投資活動によるキャッシュ・フロー	△7,000	
長期借入れによる収入	3,000	B/S 増減
財務活動によるキャッシュ・フロー	3,000	
現金及び現金同等物の増減額	200	
現金及び現金同等物の期首残高	3,000	前期 B/S
現金及び現金同等物の期末残高	3,200	当期 B/S

　原則法，簡便法どちらで作成しても連結キャッシュ・フロー計算書は同じ結果となります。

(4) 「管理連結」における連結キャッシュ・フロー計算書の作成方法

① 原則法か簡便法か

　管理連結における連結キャッシュ・フロー計算書はどのように作成すればよいのでしょうか。管理会計は特にルールが決まっているわけではないので、管理会計の目的にあわせて企業で自由にルールや手順を決めることができます。

　管理連結において、連結キャッシュ・フロー計算書を作成したい場合、キャッシュ・フロー計算書の管理・分析単位を各社単位とするのか、連結単位とするのか、事業（セグメント）単位とするのかによって、作成方法が異なります。

（各社単位で管理・分析を行う場合）

　管理連結において、キャッシュ・フローの分析を各社単位で行う場合には、簡便法では情報が足りず、いわゆる原則法にて連結キャッシュ・フロー計算書を作成する必要があります。原則法で作成することにより、最小単位が各社の個別キャッシュ・フローとなるため、各社単位でキャッシュ・フローの予算実績分析などを実施することが可能となります。

（連結単位で管理・分析を行う場合）

　管理連結において、キャッシュ・フローの分析を各社単位ではなく連結ベースで実施する場合には、原則法でも簡便法でもどちらの方法でもかまいません。ひとまず、連結キャッシュ・フロー計算書を月次で作成しておきたいというレベルであれば、原則法ではなく簡便法で簡便的に作成する方法で作成してみましょう。前期と当期の連結貸借対照表と当期の連結損益計算書および固定資産や借入などの増減明細があれば、簡便法での連結キャッシュ・フロー計算書を作成することは可能なので、**連結貸借対照表の作成ができているのであれば、簡便法による連結キャッシュ・フロー計算書も作成することが可能です。**

(セグメント単位で管理・分析を行う場合)

セグメント単位で，キャッシュ・フロー計算書の管理・分析を行いたい場合には，まず，セグメント単位のセグメント別キャッシュ・フロー計算書を作成し，その後，セグメント間のキャッシュ・フロー内部取引を消去して連結キャッシュ・フロー計算書を作成する必要があります。

図表6-3-6　セグメント単位で連結キャッシュ・フロー計算書の管理・分析を行う場合

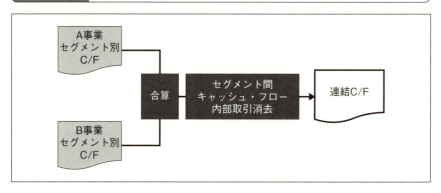

また，セグメント単位のセグメント別キャッシュ・フロー計算書の作成は，各セグメントに属する会社の個別キャッシュ・フロー計算書を合算し，セグメント内のキャッシュ・フロー内部取引を消去して原則法的にセグメント別キャッシュ・フロー計算書を作成する方法と，セグメント別貸借対照表およびセグメント別損益計算書から簡便法的にセグメント別キャッシュ・フロー計算書を作成する方法の2通りの方法があります。

| 図表6-3-7 | 原則法的なセグメント別キャッシュ・フロー計算書の作成 |

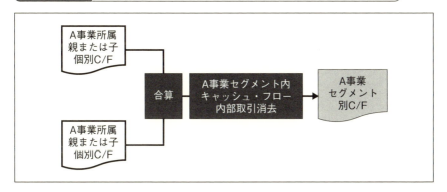

| 図表6-3-8 | 簡便法的なセグメント別キャッシュ・フロー計算書の作成 |

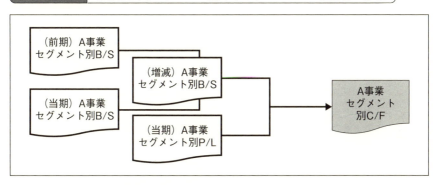

　セグメント別貸借対照表が作成できているのであれば，ひとまず，簡便的な方法によるセグメント別キャッシュ・フロー計算書の作成から始めてみるのもよいでしょう。

【管理連結における連結キャッシュ・フロー計算書の検討事項】
- ✓ 連結キャッシュ・フロー計算書の作成は連結ベースのみでよいか
- ✓ 連結キャッシュ・フロー計算書を各社単位で管理・分析するか
- ✓ 連結キャッシュ・フロー計算書をセグメント単位で管理・分析するか

② どこまでの情報を必要とするか

　管理会計は，社内の経営者に向けて，経営の意思決定を行うにあたって必要な情報を提供する目的で実施するため，制度会計のような正確さが求められるわけではありません。キャッシュ・フロー計算書においても同様に，「連結グループのキャッシュ・フローの状況がどのような状況か」をタイムリーに把握できればよいので，制度連結のような細かい情報までも必要とはしていません。

　では，管理会計におけるキャッシュ・フロー計算書はどの程度の情報が把握できればよいでしょうか。

　まずは，営業活動によるキャッシュ・フロー，投資活動によるキャッシュ・フロー，財務活動によるキャッシュ・フローの３つの活動区分におけるキャッ

図表6-3-9　各活動区分別の主要なキャッシュ・フロー項目

活動区分	主要なキャッシュ・フロー項目	作成元データ
営業活動	税金等調整前当期純利益	損益計算書
	減価償却費，減損損失などの非資金損益項目	損益計算書
	売上債権，仕入債務などの営業活動で発生した債権債務の増減情報	貸借対照表
投資活動	固定資産の取得，売却情報	固定資産増減情報，設備未払金及び設備売却未収入金の前期・当期残高 損益計算書（関連するP/L項目）
	貸付金の実行，返済情報	長短貸付金増減情報
	有価証券の取得，売却情報	有価証券・投資有価証券増減情報，有価証券取得未払金，有価証券売却未収入金の前期・当期残高 損益計算書（関連するP/L項目）
財務活動	借入金の実行，返済情報	長短借入金増減情報
	株式の発行，払戻情報	資本金・資本剰余金増減情報
	配当の情報	未払配当金の前期・当期残高 利益剰余金の減少額（配当）

シュ・フローを把握できるところまでをゴールとするのであれば，その中で**主要な項目だけを調整して作成するという方法**が考えられます。

活動区分ごとの主要なキャッシュ・フロー項目と，その作成元データは【図表6-3-9】のとおりです。

【図表6-3-9】の作成元データを見てください。損益計算書や貸借対照表から取得可能な情報であれば，特に追加で情報収集する必要はありません。逆に前期と当期の差額だけでは不十分なもの（例えば，有形固定資産の取得や売却など）については，別途，増減情報を取得する必要があります。

なお，増加も減少も同一の活動区分であれば，取得と売却を総額で別項目として認識しなくても，活動区分のキャッシュ・フロー合計を把握することは可能です。管理連結での連結キャッシュ・フロー計算書にどこまでの項目を求めるのかによって，収集する内容が変わってきますので，あらかじめどの項目まで細かく作成するかを決定し，各社から何を集めるのかを検討しておく必要があります。

また，投資活動や財務活動において，設備未払金や固定資産売却未収入金，未払配当金などの未収・未払がある場合には，それらを調整する必要があります。勘定科目が分かれていれば特に追加で情報収集する必要はありませんが，未収入金勘定，未払金勘定の中に投資活動・財務活動に係る未収・未払が含まれている場合には，投資活動・財務活動に係る残高を別途取得する必要があります。

【管理連結における連結キャッシュ・フロー計算書の検討】
✓ どのキャッシュ・フロー項目を分離して表示するか

---

(5) キャッシュ・フロー作成用データの収集

前述のとおり，管理連結において，キャッシュ・フロー計算書を作成する場

合，貸借対照表および損益計算書から得られる情報だけで，簡便的に作成することも可能です。

しかしながら，それらの情報だけでは，営業活動，投資活動，財務活動のキャッシュ・フロー間にまたがる項目があった場合，キャッシュ・フロー計算書の数値が歪んでしまうおそれがあります。よって，会社が管理会計上で連結キャッシュ・フロー計算書を作成する際，追加で必要な情報については各社からデータを集めておく必要があります。

月次（実績）連結において連結キャッシュ・フロー計算書を作成するのであれば，月次実績単位で追加情報を収集しておく必要があります。また，予算連結で連結キャッシュ・フロー計算書を作成するのであれば，**予算を立てる段階で，キャッシュ・フロー計算書に必要な情報についても予算値を各社から収集しておく必要があります**。損益計算書，貸借対照表とは別に追加でデータ収集が必要となる可能性がある項目は以下の項目です。

図表6-3-10　キャッシュ・フロー計算書を作成する上で必要となる項目

内容	詳細
勘定科目の増減情報	固定資産増減情報
	長短貸付金増減情報
	有価証券・投資有価証券増減情報
	長短借入金増減情報
	資本金・資本剰余金増減情報
未収入金，未払金の内訳情報（前期および当期の残高）	未払配当金の前期・当期残高
	設備未払金および設備売却未収入金の前期・当期残高
	有価証券取得未払金，有価証券売却未収入金の前期・当期残高

管理連結で簡便的にキャッシュ・フロー計算書を作成するのであれば，最低限必要な情報を各社から集め，連結貸借対照表，連結損益計算書と追加で集め

た情報に基づいて以下のように連結キャッシュ・フロー計算書を作成することができます。

図表6-3-11　簡便的な連結キャッシュ・フロー計算書の作成方法

主要なキャッシュ・フロー項目	金額	計算方法
税金等調整前当期純利益	xxx	④連結P/Lまたは個別P/L・セグメント別P/Lより取得
減価償却費	xxx	④連結P/Lまたは個別P/L・セグメント別P/Lより取得
減損損失	xxx	④連結P/Lまたは個別P/L・セグメント別P/Lより取得
その他重要な非資金損益項目	xxx	④連結P/Lまたは個別P/L・セグメント別P/Lより取得
その他	xxx	⑩計算値（⑨営業活動合計－上記④の合計）
営業活動によるキャッシュ・フロー	xxx	⑨計算値（③増減額－⑦投資活動合計－⑧財務活動合計）
固定資産の取得による支出	xxx	⑤科目増減情報および未収入金・未払金の内訳情報に基づき計算（外部会社向け情報のみを集計）
固定資産の売却による収入	xxx	⑤科目増減情報および未収入金・未払金の内訳情報に基づき計算（外部会社向け情報のみを集計） 連結P/L（関連する損益）
その他投資活動によるキャッシュ増減	xxx	⑤科目増減情報および未収入金・未払金の内訳情報に基づき計算（外部会社向け情報のみを集計）
投資活動によるキャッシュ・フロー	xxx	⑦計算値（上記⑤の合計）
借入による収入	xxx	⑥科目増減情報に基づき計算（外部会社向け情報のみを集計）
借入の返済による支出	xxx	⑥科目増減情報に基づき計算（外部会社向け情報のみを集計）
株式発行による収入	xxx	⑥科目増減情報に基づき計算（外部会社向け情報のみを集計）
その他財務活動によるキャッシュ増減	xxx	⑥科目増減情報に基づき計算（外部会社向け情報のみを集計）
財務活動によるキャッシュ・フロー	xxx	⑧計算値（上記⑥の合計）
現金及び現金同等物の増減額	xxx	③計算値（②期末残高－①期首残高）
現金及び現金同等物の期首残高	xxx	①連結B/Sまたは個別B/S・セグメント別B/Sより取得
現金及び現金同等物の期末残高	xxx	②連結B/Sまたは個別B/S・セグメント別B/Sより取得

ぜひ，上記手順を参考に，管理連結での連結キャッシュ・フロー計算書を作成してみてください。

第7章 連結財務諸表作成の基本

1 連結財務諸表作成に関する基本的ルール

(1) 連結管理会計と連結財務諸表制度

　管理会計は制度会計のように，細かく会計処理のルールや開示のルールが決まっているわけではありません。管理会計で作成したデータの利用者は，社内の経営者です。よって，管理会計においては，経営者が経営の意思決定を行ううえで有益な会計情報を提供すればよいので，制度上で決められているような細かなルールを守らなければならないという義務はありません。しかしながら，外部の利害関係者へは制度会計におけるルールに則って作成した連結財務諸表を開示しているため，内部の意思決定で利用する連結財務諸表が外部の利害関係者へ開示する連結財務諸表と大きくかけ離れていたのでは，連結財務諸表の信憑性に疑念が湧いてしまいます。

　よって，連結管理会計を実施するにあたり，連結財務諸表作成に関する制度上の基本的なルールを押さえておく必要があります。

　そのうえで，**連結管理会計の目的に照らし合わせたときに，それぞれの連結消去・修正仕訳のうち，どれを取り入れるのか，また，どのように計算して取り入れるのかを事前に検討しておきましょう。**

　そうすることで，制度連結と管理連結の連結財務諸表の数値に差異がある場合に，経営者に対して適切な説明ができるようになるのです。

(2) 連結財務諸表とは

　連結財務諸表とは，支配従属関係にある2つ以上の会社から構成される企業集団を単一の組織体とみなして，親会社が，当該企業集団の財政状態・経営成績・キャッシュ・フローの状況を総合的に報告するために作成するものです。

ある会社の意思決定機関を支配している会社が親会社であり、支配されている、すなわち従属している会社は親会社の子会社となります。

原則として、親会社はすべての子会社を連結財務諸表に取り込まなくてはなりません。

連結財務諸表を作成するために行う決算を連結決算と呼びます。これに対して、1つの会社の決算を単体決算と呼びます。

連結財務諸表は、親会社を頂点とした企業グループの業績把握のために作成します。単体決算すなわち個別財務諸表を見ただけでは、グループ全体としてどのような業務を実施しているのか、どの程度財産を持っているのか、グループ全体の業績がどのような状況なのかがわかりません。**グループ全体の連結財務諸表を見ることによって、グループとしてどれだけの財産を持っているのか、どれだけ儲けが出ているのかなど、グループ全体の業績等を把握することができるのです。**

図表7-1-1　連結財務諸表とは

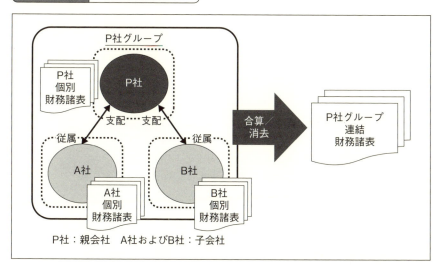

2 連結財務諸表作成の流れ

連結財務諸表は，連結範囲に含める複数の会社の個別財務諸表を合算し，連結グループ内部の取引等を消去するための連結消去・修正仕訳を行って作成します（【図表7-2-1】）。

図表7-2-1　連結財務諸表作成の流れ

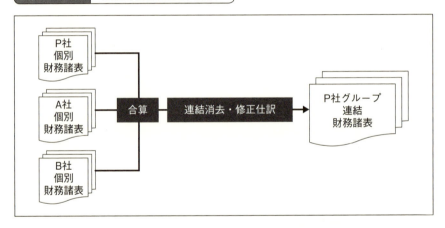

(1) 個別財務諸表の合算

まず，親会社および子会社が作成した個別財務諸表を合算します。在外子会社がある場合には，在外子会社の財務諸表は現地通貨で作成されているため，これを円に換算してから合算します。

(2) 連結消去・修正仕訳

親会社と子会社の個別財務諸表を合算しただけでは，連結財務諸表は作成で

きません。連結財務諸表は，親会社と子会社で形成される企業集団を単一の組織体と（1つの会社のように）みなして作成した財務諸表です。よって，合算した後，親会社と子会社または子会社同士で行った取引をすべて消去する必要があります。

この消去する手続（仕訳）のことを連結消去・修正仕訳と呼びます。

連結消去・修正仕訳には以下の種類があります。

① 投資と資本の消去
② のれんの償却
③ 当期純利益および包括利益の非支配株主持分への按分
④ 配当金の消去，配当金の振替
⑤ 債権債務の消去
⑥ 貸倒引当金の調整
⑦ 損益取引の消去
⑧ 未実現利益の消去
⑨ 連結手続上の税効果
⑩ 持分法適用仕訳

具体的な仕訳の内容については，4「連結消去・修正仕訳」を参考にしてください。

3 連結精算表

　連結財務諸表の作成は，一般的に連結精算表と呼ばれるワークシート上で行います。**連結精算表とは，親会社および子会社の個別財務諸表をまず合算し，その後，連結消去・修正仕訳を行って連結財務諸表の作成に至るまでの一連の作業を一覧化したワークシート**です。

　連結会計システムを利用して連結決算を行っている場合には，システムから当該連結精算表を出力することができます。また，連結会計システムを利用せずに連結決算を行っている企業は，エクセルで連結精算表を作成して作業しています。連結精算表はワークシート（＝作業のためのシート）なので，特に決まったフォーマットがあるわけではありませんが，一般的には【図表7－3－1】のような形式のものを利用しています。

図表７−３−１　連結精算表のイメージ

科目	親会社	A社	B社	C社	単純合算	投資と資本の消去	のれん償却	当期純利益の按分	債権債務の消去	貸倒引当金の調整	損益取引の消去	未実現利益の消去	持分法適用仕訳	連結財務諸表
現金及び預金	1,065,500	19,180	15,200	9,550	1,109,430									1,109,430
売掛金	1,150,000	150,000	120,000	75,000	1,495,000				(120,000)					1,375,000
商品	700,000	183,500	146,800	91,750	1,122,050							(34,500)		1,087,550
繰延税金資産（短期）	171,000	20,900	16,720	10,450	219,070									219,070
短期貸付金	200,000	—	—	—	200,000									200,000
その他流動資産	555,000	68,000	54,400	34,000	711,400									711,400
貸倒引当金（短期）	(13,500)	(500)	(400)	(250)	(14,650)					1,200				(13,450)
有形固定資産	3,680,000	215,000	172,000	107,500	4,174,500									4,174,500
子会社株式	300,000	—	—	—	300,000	(300,000)								—
関連会社株式	26,000	—	—	—	26,000								12,400	38,400
繰延税金資産（長期）	120,000	15,000	12,000	7,500	154,500									154,500
のれん	—	—	—	—	—	60,000	(3,000)							57,000
資産合計	7,954,000	671,000	536,800	335,500	9,497,300	(240,000)	(3,000)		(120,000)	1,200		(34,500)	12,400	9,113,400
買掛金	(838,000)	(128,300)	(102,640)	(64,150)	(1,133,090)				120,000					(1,013,090)
短期借入金	(312,500)	(10,000)	(8,000)	(5,000)	(335,500)									(335,500)
その他流動負債	(172,500)	(160,700)	(128,560)	(80,350)	(542,110)									(542,110)
資本金	(800,000)	(100,000)	(80,000)	(50,000)	(1,030,000)	50,000								(980,000)
資本剰余金	(800,000)	(100,000)	(80,000)	(50,000)	(1,030,000)	50,000								(980,000)
利益剰余金	(5,031,000)	(172,000)	(137,600)	(86,000)	(5,426,600)	50,000	3,000	7,200		(1,200)		34,500	(12,400)	(5,345,500)
非支配株主持分	—	—	—	—	—	(30,000)		(7,200)						(37,200)
負債および純資産合計	(7,954,000)	(671,000)	(536,800)	(335,500)	(9,497,300)	120,000	3,000		120,000	(1,200)		34,500	(12,400)	(9,233,400)
売上高	(22,943,200)	(2,770,500)	(2,216,400)	(1,385,250)	(29,315,350)						500,000			(28,815,350)
売上原価	17,145,000	2,100,300	1,680,240	1,050,150	21,975,690						(500,000)	34,500		21,510,190
貸倒引当金繰入	4,000	500	400	250	5,150					(1,200)				3,950
のれん償却費	—	—	—	—	—		3,000							3,000
その他販売費および一般管理費	4,682,000	583,100	466,480	291,550	6,023,130									6,023,130
受取利息	(16,000)	(2,000)	(1,600)	(1,000)	(20,600)									(20,600)
受取配当金	(8,000)	—	—	—	(8,000)									(8,000)
持分法による投資利益	—	—	—	—	—								(12,400)	(12,400)
その他営業外収益	(3,700)	(1,200)	(960)	(600)	(6,460)									(6,460)
支払利息	17,500	2,100	1,680	1,050	22,330									22,330
その他営業外費用	7,000	900	720	450	9,070									9,070
固定資産売却益	(80,000)	(50,000)	(40,000)	(25,000)	(195,000)									(195,000)
法人税，住民税及び事業税	458,000	56,100	44,880	28,050	587,030									587,030
法人税等調整額	71,000	8,700	6,960	4,350	91,010									91,010
非支配株主利益	—	—	—	—	—			7,200						7,200
当期純利益（親会社株主利益）	(666,400)	(72,000)	(57,600)	(36,000)	(832,000)		3,000	7,200		(1,200)	0	34,500	(12,400)	(800,900)
（資本剰余金）	—	—	—	—										
資本剰余金期首残高	(800,000)	(100,000)	(80,000)	(50,000)	(1,030,000)	50,000								(980,000)
資本剰余金期末残高	(800,000)	(100,000)	(80,000)	(50,000)	(1,030,000)	50,000								(980,000)
（利益剰余金）	—	—	—	—										
利益剰余金期首残高	(4,437,600)	(100,000)	(80,000)	(50,000)	(4,667,600)	50,000								(4,617,600)
配当金	73,000	—	—	—	73,000									73,000
当期純利益（親会社株主利益）	(666,400)	(72,000)	(57,600)	(36,000)	(832,000)		3,000	7,200		(1,200)		34,500	(12,400)	(800,900)
利益剰余金期末残高	(5,031,000)	(172,000)	(137,600)	(86,000)	(5,426,600)	50,000	3,000	7,200		(1,200)		34,500	(12,400)	(5,345,500)

合算

連結消去・修正仕訳

※貸方金額は（　）で示しています

4 　連結消去・修正仕訳

(1) 投資と資本の消去

① 投資と資本の消去とは

　親会社の子会社に対する投資とこれに対応する子会社の資本とを消去し，差額が生じた場合には，借方差額はのれん，貸方差額は負ののれんとして処理するとともに，子会社の資本のうち，親会社に帰属しない部分については非支配株主持分に按分する仕訳です。親会社の投資が子会社の資本となるため，連結財務諸表を作成するうえでは，これらは内部取引です。よって，投資とそれに対応する資本を相殺消去する仕訳が必要となります。

② 出資設立（100％子会社）の場合

　100％出資設立の場合，親会社が出資した金額（子会社株式）がそのまま子会社の資本（資本金，資本準備金（資本剰余金））となります。よって，連結上は，個別財務諸表に計上されている子会社株式と資本（資本金，資本準備金（資本剰余金））を消去する仕訳を行います。

設例7-4-1　出資設立（100％子会社）の場合

親会社は1,000（100％）出資して子会社を設立した。
子会社は全額資本金として処理した。

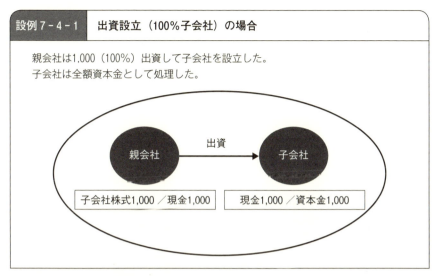

＜連結消去・修正仕訳＞

・投資と資本の消去

| 資　本　金 | 1,000 ／ 子会社株式 | 1,000 |

③　出資設立ではない場合

　出資設立ではなく，すでに存在している会社の株式を購入して投資と資本を消去する際には，差額が生じます。借方に差額が生じた場合は，のれん（無形固定資産）として計上し，その計上後20年以内に定額法その他の合理的な方法で償却を行います。また，貸方に差額が生じた場合は，負ののれん発生益として，当期の利益に計上します。

| 設例7-4-2 | 出資設立ではない場合 |

親会社は子会社の発行済株式100%を1,200で取得した。
支配獲得時の子会社の資本は、資本金500, 利益剰余金500であった。

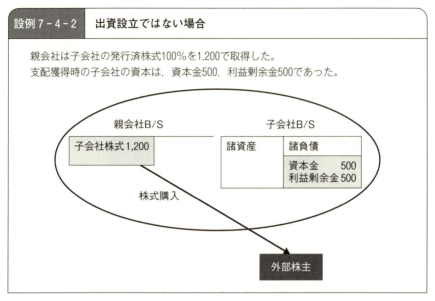

<連結消去・修正仕訳>

・投資と資本の消去

資 本 金	500	子 会 社 株 式	1,200
利 益 剰 余 金	500		
の れ ん	※200		

※ 貸借差額

　なお、出資設立ではない場合、子会社の資産および負債の時価評価を行ってから、時価評価後の資本に基づき、投資と資本の消去仕訳を行います（後述の100%子会社でない場合も同様）。

④ 100%子会社ではない場合

　親会社の子会社株式の所有割合が100%でない場合には、株式取得時（支配獲得時）における子会社の資本のうち、親会社に帰属しない部分を非支配株主持分（純資産）として計上します。

設例7-4-3　100％子会社ではない場合

親会社は子会社の発行済株式90％を920で取得した。
支配獲得時の子会社の資本は資本金500，利益剰余金500であった。

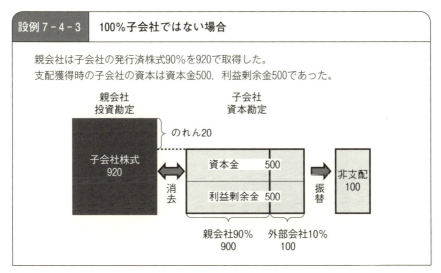

＜連結消去・修正仕訳＞

・投資と資本の消去

資　本　金	500	子 会 社 株 式	920
利 益 剰 余 金	500	非支配株主持分	※2 100
の れ ん	※1 20		

※1　子会社株式920－子会社資本1,000（資本金500＋利益剰余金500）×90％＝20（借方差額）

※2　子会社資本1,000（資本金500＋利益剰余金500）×10％＝100

(2) のれんの償却

　投資と資本の消去で生じた差額は，現行の日本基準ではその計上後，効果の及ぶ期間に応じて20年以内に定額法等の合理的な方法により償却する必要があります。のれんは，投資額が子会社の時価評価後純資産を上回った部分であり，見えない会社の資産価値を意味しています。よって，その価値の効果が及ぶ期間に期間配分（償却）します。

| 設例 7-4-4 | のれんの償却 |

親会社は当期首に子会社の発行済株式100%を1,200で取得した。
支配獲得時の子会社の資本は資本金500、利益剰余金500であった。
のれんは発生後10年間で定額償却するものとする。

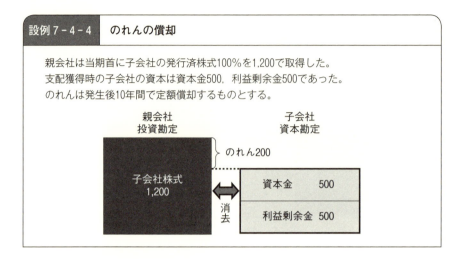

＜連結消去・修正仕訳＞

・投資と資本の消去

資　本　金	500	子会社株式	1,200
利 益 剰 余 金	500		
の　れ　ん	200		

・のれんの償却

| のれん償却 | 20 | の　れ　ん | 20 |

※　200÷10年＝20

(3) 当期純利益およびその他の包括利益の非支配株主持分への按分

　非支配株主持分が存在する場合、支配獲得日（子会社となった日）における子会社の資本は(1)の投資と資本の消去において非支配株主持分へ按分します。
　支配獲得日後に生じた利益剰余金および評価・換算差額等（その他有価証券評価差額金、繰延ヘッジ損益など）も、支配獲得日の資本と同様に親会社に帰

属しない部分については非支配株主持分へ按分します。

よって、非支配株主持分の当期末残高は、子会社の資本のうちの親会社持分以外の金額となります。

> **設例 7 - 4 - 5　非支配株主への按分**
>
> 親会社は900（90％）を出資して子会社を設立した（子会社の資本金は1,000）。
> 1年後の利益剰余金（当期純利益）は100，その他有価証券評価差額金（包括利益）は200であった。
> 当期に必要となる連結消去・修正仕訳を示すとともに，当期の連結精算表を作成しなさい。
>
>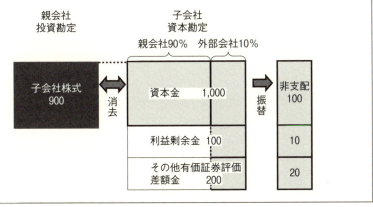

＜連結消去・修正仕訳＞

・投資と資本の消去

資　本　金	1,000	子 会 社 株 式	900
		非支配株主持分	※100

※　子会社資本1,000×10％＝100

・当期純利益の非支配株主持分への按分

非支配株主に帰属する当期純利益	10	非支配株主持分	10

※　子会社の当期純利益100×10％＝10

・その他有価証券評価差額金の非支配株主持分への按分

その他有価証券評価差額金	20	非支配株主持分	20

※　子会社のその他有価証券評価差額金の当期増加200×10％＝20

　当期純利益の非支配株主持分への按分における借方科目は，連結損益計算書の借方項目です。よって，個別財務諸表（個別損益計算書）を合算後，当該仕訳を行うことによって，親会社に帰属する当期純利益が減少します。

第7章 連結財務諸表作成の基本 221

図表7-4-1 連結精算表イメージ

科目	親会社	子会社	単純合算	投資と資本の消去	当期純利益の按分	その他の包括利益の按分	連結財務諸表
諸資産	3,900	2,100	6,000				6,000
子会社株式	900	—	900	(900)			—
資産合計	4,800	2,100	6,900	(900)			6,000
諸負債	(1,800)	(800)	(2,600)				(2,600)
資本金	(2,000)	(1,000)	(3,000)	1,000			(2,000)
利益剰余金	(1,000)	(100)	(1,100)		10		(1,090)
その他有価証券評価差額金	—	(200)	(200)			20	(180)
非支配株主持分	—	—	—	(100)	(10)	(20)	(130)
負債および純資産合計	(4,800)	(2,100)	(6,900)	900			(6,000)
売上高	(5,000)	(1,000)	(6,000)				(6,000)
売上原価	3,000	700	3,700				3,700
販売費および一般管理費	1,500	200	1,700				1,700
当期純利益	(500)	(100)	(600)				(600)
非支配株主に帰属する当期純利益	—	—	—		10		10
親会社株主に帰属する当期純利益	(500)	(100)	(600)		10		(590)

(利益剰余金)

科目	親会社	子会社	単純合算	投資と資本の消去	当期純利益の按分	その他の包括利益の按分	連結財務諸表
利益剰余金期首残高	(500)	—	(500)				(500)
親会社株主に帰属する当期純利益	(500)	(100)	(600)		10		(590)
利益剰余金期末残高	(1,000)	(100)	(1,100)		10		(1,090)

(その他有価証券評価差額金)

科目	親会社	子会社	単純合算	投資と資本の消去	当期純利益の按分	その他の包括利益の按分	連結財務諸表
その他有価証券評価差額金期首残高	—	—					—
その他有価証券評価差額金当期増加	—	(200)	(200)			20	(180)
その他有価証券評価差額金期末残高	—	(200)	(200)			20	(180)

※貸方金額は( )で示しています

(4) 配当金の消去，配当金の振替

子会社において剰余金の配当が行われた場合，連結財務諸表を作成するうえでは，親会社の受取配当金と消去する必要があります。

また，当該子会社に非支配株主持分が存在する場合には，剰余金の配当のうち親会社以外の株主に対する金額を非支配株主持分へ按分します。

設例7-4-6　配当金の消去（100％子会社の場合）

親会社は1,000（100％）を出資して子会社を設立した。
当期において，親会社は子会社から200の配当金を受け取った。

＜連結消去・修正仕訳＞100％子会社の場合

・投資と資本の消去

資　本　金	1,000	/	子　会　社　株　式	1,000

・配当金の消去

受　取　配　当　金	200	/	利　益　剰　余　金 （支配配当金）	200

設例7-4-7　配当金の振替消去（100％子会社ではない場合）

親会社は900（90％）を出資して子会社を設立した（子会社の資本金は1,000）。
1年後の利益剰余金（当期純利益）は200，配当金は100であった（うち，親会社の受取配当金は90）。

＜連結消去・修正仕訳＞

・投資と資本の消去

資　本　金	1,000	/	子　会　社　株　式	900
			非支配株主持分	※100

※　子会社資本（資本金）1,000×10％＝100

・当期純利益の非支配株主持分への按分

非支配株主に帰属する当期純利益	20	非支配株主持分	20

※ 子会社の当期純利益200×10％＝20

・配当金の非支配株主持分への振替

非支配株主持分	10	利益剰余金（支配配当金）	10

※ 子会社の支払配当金100×10％＝10

・配当金の消去

受取配当金	90	利益剰余金（支配配当金）	90

※ 子会社の支払配当金100×90％＝90

| 図表7-4-2 | 連結精算表イメージ |

科目	親会社	子会社	単純合算	投資と資本の消去	当期純利益の按分	配当金の振替と消去	連結財務諸表
諸資産	3,900	2,100	6,000				6,000
子会社株式	900	-	900	(900)			-
資産合計	4,800	2,100	6,900	(900)			6,000
諸負債	(1,800)	(1,000)	(2,800)				(2,800)
資本金	(2,000)	(1,000)	(3,000)	1,000			(2,000)
利益剰余金	(1,000)	(100)	(1,100)		20	(10)	(1,090)
非支配株主持分	-	-	-	(100)	(20)	10	(110)
負債および純資産合計	(4,800)	(2,100)	(6,900)	900	-	-	(6,000)
売上高	(5,000)	(1,000)	(6,000)				(6,000)
売上原価	3,000	600	3,600				3,600
販売費および一般管理費	1,590	200	1,790				1,790
受取配当金	(90)	-	(90)			90	-
当期純利益	(500)	(200)	(700)	-	-	90	(610)
非支配株主に帰属する当期純利益	-	-	-		20		20
親会社株主に帰属する当期純利益	(500)	(200)	(700)		20	90	(590)

(利益剰余金)

利益剰余金期首残高	(500)	-	(500)				(500)
親会社株主に帰属する当期純利益	(500)	(200)	(700)		20	90	(590)
配当金	-	100	100		0	(100)	-
利益剰余金期末残高	(1,000)	(100)	(1,100)		20	(10)	(1,090)

※貸方金額は( )で示しています

(5) 債権債務の消去

親会社と子会社もしくは子会社間で計上された債権債務は,連結貸借対照表

上では連結外部者に対する債権債務ではありません。よって，これらは連結手続上，消去する必要があります。

主な債権科目	主な債務科目
売掛金，受取手形，未収入金，前渡金，立替金，未収収益，前払費用短期貸付金，長期貸付金	買掛金，支払手形，未払金，前受金，未払費用，前受収益短期借入金，長期借入金

設例7-4-8　債権債務の消去

親会社は1,000（100％）を出資して子会社を設立した（子会社の資本金は1,000）。
親会社の短期貸付金のうち，子会社に対するものは500であった。
子会社の短期借入金のうち，親会社に対するものは500であった。
当期の連結消去・修正仕訳を行いなさい。

＜連結消去・修正仕訳＞

・投資と資本の消去

資　本　金	1,000	/	子会社株式	1,000

・債権債務の消去

短期借入金	500	/	短期貸付金	500

(6) 貸倒引当金の調整

債権債務の消去において，消去された債権に対し，個別財務諸表上で貸倒引当金を計上していた場合，連結財務諸表上は，当該貸倒引当金も消去する必要があります。

設例7-4-9　貸倒引当金の調整

親会社は1,000（100％）を出資して子会社を設立した（子会社の資本金は1,000）。
親会社の短期貸付金のうち，子会社に対するものは500であった。
子会社の短期借入金のうち，親会社に対するものは500であった。
親会社は子会社に対する短期貸付金に対し，1％の貸倒引当金を計上していた。
当期の連結消去・修正仕訳を行いなさい。

＜連結消去・修正仕訳＞

・投資と資本の消去

資　本　金	1,000 / 子会社株式	1,000

・債権債務の消去

短期借入金	500 / 短期貸付金	500

・貸倒引当金の調整

貸倒引当金	5 / 貸倒引当金繰入	5

※　500×1％＝5

図表7-4-3　連結精算表イメージ

科目	親会社	子会社	単純合算	投資と資本の消去	債権債務の消去	貸倒引当金の調整	連結財務諸表
諸資産	2,810	2,000	4,810				4,810
短期貸付金	1,000	−	1,000		(500)		500
貸倒引当金	(10)	−	(10)			5	(5)
子会社株式	1,000	−	1,000	(1,000)			−
資産合計	4,800	2,000	6,800	(1,000)	(500)	5	5,305
諸負債	(1,000)	(300)	(1,300)				(1,300)
短期借入金	(800)	(500)	(1,300)		500		(800)
資本金	(2,000)	(1,000)	(3,000)	1,000			(2,000)
利益剰余金	(1,000)	(200)	(1,200)			(5)	(1,205)
負債および純資産合計	(4,800)	(2,000)	(6,800)	1,000	500	(5)	(5,305)
売上高	(5,000)	(1,000)	(6,000)				(6,000)
売上原価	3,000	600	3,600				3,600
貸倒引当金繰入	10	−	10			(5)	5
販売費および一般管理費	1,490	200	1,690				1,690
当期純利益	(500)	(200)	(700)			(5)	(705)
非支配株主に帰属する当期純利益	−	−	−				−
親会社株主に帰属する当期純利益	(500)	(200)	(700)			(5)	(705)

（利益剰余金）

利益剰余金期首残高	(500)	−	(500)				(500)
親会社株主に帰属する当期純利益	(500)	(200)	(700)			(5)	(705)
利益剰余金期末残高	(1,000)	(200)	(1,200)			(5)	(1,205)

※貸方金額は（　）で示しています

(7) 損益取引の消去

親会社と子会社もしくは子会社間で計上された収益および費用は，連結損益計算書上では連結外部者に対する収益および費用ではありません。よって，これらは連結手続上，消去する必要があります。

主な収益科目	主な費用科目
売上高，受取利息，受取手数料など	仕入高（売上原価），支払利息，支払手数料など

設例 7-4-10　損益取引の消去

親会社は1,000（100％）を出資して子会社を設立した（子会社の資本金は1,000）。
親会社の売上高のうち，子会社に対するものは500であった。
子会社の仕入高のうち，親会社から仕入れたものは500であった。なお，在庫は残っていなかった。
当期の連結消去・修正仕訳を行いなさい。

＜連結消去・修正仕訳＞

・投資と資本の消去

資　本　金	1,000	/	子 会 社 株 式	1,000

・損益取引の消去

売　上　高	500	/	売上原価（仕入高）	500

図表7-4-4　連結精算表イメージ

科目	親会社	子会社	単純合算	投資と資本の消去	損益取引の消去	連結財務諸表
諸資産	3,000	1,400	4,400			4,400
商品	—	—	—			—
子会社株式	1,000	—	1,000	(1,000)		—
資産合計	4,000	1,400	5,400	(1,000)		4,400
諸負債	(1,000)	(300)	(1,300)			(1,300)
資本金	(2,000)	(1,000)	(3,000)	1,000		(2,000)
利益剰余金	(1,000)	(100)	(1,100)		—	(1,100)
負債および純資産合計	(4,000)	(1,400)	(5,400)	1,000		(4,400)
売上高	(500)	(800)	(1,300)		500	(800)
売上原価	300	500	800		(500)	300
販売費および一般管理費	100	200	300			300
当期純利益	(100)	(100)	(200)			(200)
非支配株主に帰属する当期純利益	—	—	—			—
親会社株主に帰属する当期純利益	(100)	(100)	(200)			(200)
(利益剰余金)						
利益剰余金期首残高	(900)	—	(900)			(900)
親会社株主に帰属する当期純利益	(100)	(100)	(200)			(200)
利益剰余金期末残高	(1,000)	(100)	(1,100)		—	(1,100)

※貸方金額は（　）で示しています

(8) 未実現利益の消去

　連結グループ内部で売上と仕入取引が行われた場合，連結上はそれらを消去する必要があります。【設例7-4-10】では，子会社側で親会社から仕入れた商品在庫はなかった前提でした。親会社からの仕入商品が在庫として残っていた場合，子会社の商品残高の中に親会社が付した利益が含まれています。この

商品に含まれている利益は連結上は「未実現利益」(まだ実現していない(連結グループ外部に売却されていない)利益)であるため,消去する必要があります。この未実現利益は在庫だけでなく,固定資産の売買や有価証券の売買などがグループ内で行われたときにも生じます。

さらに,固定資産の売買がグループ内で行われた場合で,それが償却性資産だった場合には,未実現利益の消去に伴う減価償却費の調整仕訳も必要となります。

図表7-4-5　在庫に含まれる利益

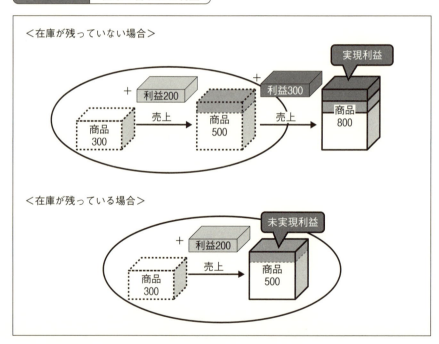

設例 7-4-11　未実現利益の消去

親会社は1,000（100%）を出資して子会社を設立した（子会社の資本金は1,000）。
親会社の売上高のうち，子会社に対するものは500であった。
子会社の仕入高のうち，親会社から仕入れたものは500であった。なお，期末においてこれらはすべて在庫として残っていた（親会社が付した利益200）。
当期の連結消去・修正仕訳を行いなさい。

＜連結消去・修正仕訳＞

・投資と資本の消去

資　本　金	1,000 / 子 会 社 株 式	1,000

・損益取引の消去

売　　上　　高	500 / 売上原価（仕入高）	500

・未実現利益の消去

売　上　原　価 （期末商品棚卸高）	200 / 商　　　　品	200

図表7-4-6　連結精算表イメージ

科目	親会社	子会社	単純合算	投資と資本の消去	損益取引の消去	未実現利益の消去	連結財務諸表
諸資産	3,000	600	3,600				3,600
商品	—	500	500			(200)	300
子会社株式	1,000	—	1,000	(1,000)			—
資産合計	4,000	1,100	5,100	(1,000)	—	(200)	3,900
諸負債	(1,000)	(300)	(1,300)				(1,300)
資本金	(2,000)	(1,000)	(3,000)	1,000			(2,000)
利益剰余金	(1,000)	200	(800)		—	200	(600)
負債および純資産合計	(4,000)	(1,100)	(5,100)	1,000	—	200	(3,900)
売上高	(500)	—	(500)		500		—
売上原価	300		300		(500)	200	—
販売費および一般管理費	100	200	300				300
当期純利益	(100)	200	100			200	300
非支配株主に帰属する当期純利益	—	—	—				—
親会社株主に帰属する当期純利益	(100)	200	100			200	300

(利益剰余金)

利益剰余金期首残高	(900)	—	(900)				(900)
親会社株主に帰属する当期純利益	(100)	200	100		—	200	300
利益剰余金期末残高	(1,000)	200	(800)			200	(600)

※貸方金額は（　）で示しています

(9) 連結手続上の税効果

　貸倒引当金の調整仕訳や未実現利益の消去仕訳を行った場合，親会社および子会社の個別財務諸表を単純合算した税引前当期純利益の金額と，連結財務諸表の税引前当期純利益の金額に差が生じます。当該差額が期間帰属による差（いわゆる一時差異）の場合，連結財務諸表上の税金等調整前当期純利益と税金費用（法人税等および法人税等調整額）が対応するように，税効果に関する

仕訳も必要となります。

具体的には，貸倒引当金の調整に伴う税効果の仕訳，未実現利益の消去に伴う税効果の仕訳等が必要となります。

なお，これら以外にも，連結手続上の税効果仕訳が必要となるものは以下のとおりです。

- ・個別財務諸表の修正仕訳に伴う税効果
- ・子会社の資産および負債の時価評価に伴う税効果
- ・貸倒引当金の調整に伴う税効果
- ・未実現利益の消去に伴う税効果
- ・留保利益の税効果

設例7-4-12　未実現利益の消去に伴う税効果

親会社は1,000（100％）を出資して子会社を設立した（子会社の資本金は1,000）。

親会社の売上高のうち，子会社に対するものは500であった。

子会社の仕入高のうち，親会社から仕入れたものは500であった。なお，期末においてこれらはすべて在庫として残っていた（親会社が付した利益200）。

また，親会社における実効税率は30％であり，連結手続上の税効果調整を行う。

当期の連結消去・修正仕訳を行いなさい。

＜連結消去・修正仕訳＞

・投資と資本の消去

資　本　金	1,000 / 子 会 社 株 式	1,000

・損益取引の消去

売　上　高	500 / 売上原価（仕入高）	500

・未実現利益の消去

売　上　原　価 （期末商品棚卸高）	200 / 商　　　品	200

・未実現利益の消去に伴う税効果

| 繰延税金資産 | 60 / 法人税等調整額 | 60 |

※　未実現利益の消去額200×親会社の実効税率30％＝60

図表7-4-7　連結精算表イメージ

科目	親会社	子会社	単純合算	投資と資本の消去	損益取引の消去	未実現利益の消去	税効果	連結財務諸表
諸資産	3,100	800	3,900					3,900
商品	−	500	500			(200)		300
繰延税金資産	−	−	−				60	60
子会社株式	1,000	−	1,000	(1,000)				−
資産合計	4,100	1,300	5,400	(1,000)	−	(200)	60	4,260
諸負債	(1,000)	(300)	(1,300)					(1,300)
未払法人税等	(60)	−	(60)					(60)
資本金	(2,000)	(1,000)	(3,000)	1,000				(2,000)
利益剰余金	(1,040)	−	(1,040)		−	200	(60)	(900)
負債および純資産合計	(4,100)	(1,300)	(5,400)	1,000	−	200	(60)	(4,260)
売上高	(500)	−	(500)		500			−
売上原価	300	−	300		(500)	200		−
法人税等	60	−	60					60
法人税等調整額	−	−	−				(60)	(60)
当期純利益	(140)	−	(140)	−	−	200	(60)	−
非支配株主に帰属する当期純利益	−	−	−					−
親会社株主に帰属する当期純利益	(140)	−	(140)			200	(60)	−

（利益剰余金）

利益剰余金期首残高	(900)	−	(900)					(900)
親会社株主に帰属する当期純利益	(140)	−	(140)	−		200	(60)	−
利益剰余金期末残高	(1,040)	−	(1,040)			200	(60)	(900)

※貸方金額は（　）で示しています

⑽ 持分法適用仕訳

連結財務諸表を作成するうえで，連結財務諸表に合算する会社の範囲のことを「連結の範囲」といいます。親会社は，原則としてすべての子会社を連結の範囲に含めなければなりません。重要性が低いなどの理由で連結の範囲に含めなかった子会社を非連結子会社と呼びます。非連結子会社や関連会社については，持分法を適用する必要があります。

持分法とは，投資先の損益および純資産の増減を投資勘定に加減算する方法です。 非連結子会社や関連会社がある場合には，連結財務諸表を作成するときの連結手続の1つとして，持分法の適用仕訳を行う必要があります。

設例7-4-13　持分法の適用仕訳

親会社は900（90％）を出資して子会社を設立した（子会社の資本金は1,000）。
当該子会社は重要性がなく連結はせず，持分法を適用するものとする。
非連結子会社の当期純利益は100であった。
親会社には上記子会社とは別に100％子会社が存在している。
当期の持分法に関する連結消去・修正仕訳を行いなさい。

＜連結消去・修正仕訳＞

・投資と資本の消去

仕訳なし

持分法の場合，持分法適用会社の個別財務諸表は合算しないため，投資と資本の消去仕訳は行わない。

・持分法の適用仕訳

子 会 社 株 式	90	持分法による投資利益	90

　※　非連結子会社の当期純利益100×親会社持分比率90％＝90

図表7-4-8　持分法イメージ

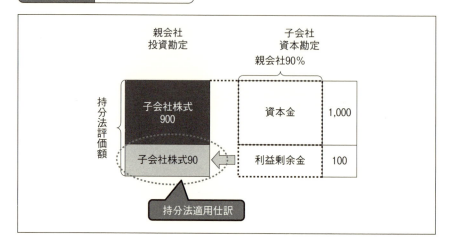

図表7-4-9　連結精算表イメージ

科目	親会社	子会社	単純合算	投資と資本の消去	持分法適用仕訳	連結財務諸表
諸資産	2,100	1,500	3,600			3,600
子会社株式	1,900	—	1,900	(1,000)	90	990
資産合計	4,000	1,500	5,500	(1,000)	90	4,590
諸負債	(1,000)	(300)	(1,300)			(1,300)
資本金	(2,000)	(1,000)	(3,000)	1,000		(2,000)
利益剰余金	(1,000)	(200)	(1,200)		(90)	(1,290)
負債および純資産合計	(4,000)	(1,500)	(5,500)	1,000	(90)	(4,590)
売上高	(5,000)	(1,000)	(6,000)			(6,000)
売上原価	3,000	600	3,600			3,600
販売費および一般管理費	1,500	200	1,700			1,700
持分法による投資利益	—	—	—		(90)	(90)
当期純利益	(500)	(200)	(700)		(90)	(790)
非支配株主に帰属する当期純利益	—	—	—			—
親会社株主に帰属する当期純利益	(500)	(200)	(700)		(90)	(790)

（利益剰余金）

利益剰余金期首残高	(500)	—	(500)			(500)
親会社株主に帰属する当期純利益	(500)	(200)	(700)		(90)	(790)
利益剰余金期末残高	(1,000)	(200)	(1,200)		(90)	(1,290)

※貸方金額は（　）で示しています

5 開始仕訳

　連結財務諸表の作成は，連結精算表と呼ばれるワークシート上で行います。連結精算表は，親会社および子会社の個別財務諸表を合算するところから始まります。個別財務諸表の数値には前期の連結消去・修正仕訳の金額は一切含まれていません。よって，前期に行った連結消去・修正仕訳を当期においてもう一度行う必要があり，その仕訳のことを開始仕訳と呼びます。
　開始仕訳を行う目的は，主に純資産項目の前期末残高と当期首残高を一致させることです。よって，純資産項目に一切影響のない仕訳（例えば，債権債務消去や損益取引消去など）は開始仕訳を行う必要はなく，当期仕訳（つまり，債権債務消去であれば，当期末の残高を消去するための当期仕訳，損益取引消去であれば，当期の損益取引を消去するための仕訳）のみを行います。

設例7-5-1　連結初年度の連結消去・修正仕訳

　親会社は1,000（100％）を出資して子会社を設立した（子会社の資本金は1,000）。
　親会社の売掛金のうち，子会社に対するものは500であった。なお，親会社は当該売掛金に対して1％を貸倒引当金として計上した。
　子会社の買掛金のうち，親会社に対するものは500であった。
　親会社の売上高のうち，子会社に対するものは500であった。
　子会社の仕入高のうち，親会社から仕入れたものは500であった。なお，期末においてこれらはすべて在庫として残っていた（親会社が付した利益200）。
　また，親会社における実効税率は30％であり，貸倒引当金の調整に伴う税効果仕訳は省略し，未実現消去に伴う税効果仕訳を行う。
　当期の連結消去・修正仕訳を行いなさい。

＜連結消去・修正仕訳＞
・投資と資本の消去

資　本　金	1,000 / 子会社株式	1,000

・債権債務の消去

買　掛　金	500	/	売　掛　金	500

・貸倒引当金の調整

貸 倒 引 当 金	5	/	貸倒引当金繰入	5

※　500×1％＝5

・損益取引の消去

売　上　高	500	/	売上原価（仕入高）	500

・未実現利益の消去

売　上　原　価 （期末商品棚卸高）	200	/	商　　品	200

・未実現利益の消去に伴う税効果

繰 延 税 金 資 産	60	/	法人税等調整額	60

※　未実現利益の消去額200×親会社の実効税率30％＝60

図表7-5-1 連結精算表イメージ

科目	親会社	子会社	単純合算	投資と資本の消去	債権債務の消去	貸倒引当金の調整	損益取引の消去	未実現利益の消去	税効果	連結財務諸表
諸資産	2,510	1,000	3,510							3,510
売掛金	1,000	—	1,000		(500)					500
貸倒引当金	(10)	—	(10)			5				(5)
商品	—	500	500					(200)		300
繰延税金資産	—	—	—						60	60
子会社株式	1,000	—	1,000	(1,000)						—
資産合計	4,500	1,500	6,000	(1,000)	(500)	5	—	(200)	60	4,365
諸負債	(1,000)	—	(1,000)							(1,000)
買掛金	—	(500)	(500)		500					—
未払法人税等	(180)	—	(180)							(180)
資本金	(2,000)	(1,000)	(3,000)	1,000						(2,000)
利益剰余金	(1,320)	—	(1,320)			(5)	—	200	(60)	(1,185)
負債および純資産合計	(4,500)	(1,500)	(6,000)	1,000	500	(5)	—	200	(60)	(4,365)
売上高	(2,000)	—	(2,000)				500			(1,500)
売上原価	1,200	—	1,200				(500)	200		900
貸倒引当金繰入	10	—	10			(5)				5
販売費及び一般管理費	190	—	190							190
法人税等	180	—	180							180
法人税等調整額	—	—	—						(60)	(60)
当期純利益	(420)	—	(420)		—	(5)	—	200	(60)	(285)
非支配株主に帰属する当期純利益	—	—	—							—
親会社株主に帰属する当期純利益	(420)	—	(420)			(5)		200	(60)	(285)

(利益剰余金)

科目	親会社	子会社	単純合算	投資と資本の消去	債権債務の消去	貸倒引当金の調整	損益取引の消去	未実現利益の消去	税効果	連結財務諸表
利益剰余金期首残高	(900)	—	(900)							(900)
親会社株主に帰属する当期純利益	(420)	—	(420)		(5)	—	200	(60)		(285)
利益剰余金期末残高	(1,320)	—	(1,320)		(5)		200	(60)		(1,185)

※貸方金額は（ ）で示しています

設例7-5-2　翌年度の連結消去・修正仕訳（開始仕訳含む）

設例7-5-1の翌年度の取引状況は以下のとおりであった。
親会社の売掛金のうち，子会社に対するものは800であった。なお，親会社は当該売掛金に対して1％を貸倒引当金として計上した。
子会社の買掛金のうち，親会社に対するものは800であった。
親会社の売上高のうち，子会社に対するものは800であった。
子会社の仕入高のうち，親会社から仕入れたものは800であった。なお，期末においてこれらはすべて在庫として残っていた（親会社が付した利益300）。
また，親会社における実効税率は30％であり，貸倒引当金の調整に伴う税効果仕訳は省略し，未実現消去に伴う税効果仕訳を行う。
翌年度の連結消去・修正仕訳を行いなさい。

＜連結消去・修正仕訳＞
・投資と資本の消去
（開始仕訳）

資本金（期首残高）	1,000	／	子会社株式	1,000

・債権債務の消去
（開始仕訳）なし
（当期仕訳）

買　掛　金	800	／	売　掛　金	800

・貸倒引当金の調整
（開始仕訳）

貸 倒 引 当 金	5	／	利 益 剰 余 金 （期 首 残 高）	5

（開始仕訳の実現仕訳）

貸倒引当金繰入	5	／	貸 倒 引 当 金	5

（当期仕訳）

貸 倒 引 当 金	8	／	貸倒引当金繰入	8

※ 800×1％＝8

・損益取引の消去

（開始仕訳）なし

（当期仕訳）

| 売　上　高 | 800 | ／ | 売上原価（仕入高） | 800 |

・未実現利益の消去

（開始仕訳）

| 利 益 剰 余 金
（ 期 首 残 高 ） | 200 | ／ | 商　　　　品 | 200 |

（開始仕訳の実現仕訳）

| 商　　　　品 | 200 | ／ | 売 上 原 価
（期首商品棚卸高） | 200 |

（当期仕訳）

| 売 上 原 価
（期末商品棚卸高） | 300 | ／ | 商　　　　品 | 300 |

・未実現利益の消去に伴う税効果

（開始仕訳）

| 繰 延 税 金 資 産 | 60 | ／ | 利 益 剰 余 金
（ 期 首 残 高 ） | 60 |

（開始仕訳の実現）

| 法人税等調整額 | 60 | ／ | 繰 延 税 金 資 産 | 60 |

（当期仕訳）

| 繰 延 税 金 資 産 | 90 | ／ | 法人税等調整額 | 90 |

※　未実現利益の消去額300×親会社の実効税率30％＝90

図表7-5-2　連結精算表イメージ

科目	親会社	子会社	単純合算	投資と資本の消去	債権債務の消去	貸倒引当金の調整	損益取引の消去	未実現利益の消去	税効果	連結財務諸表
諸資産	1,350	1,100	2,450							2,450
売掛金	3,000	—	3,000		(800)					2,200
貸倒引当金	(30)	—	(30)			8				(22)
商品	—	800	800					(300)		500
繰延税金資産	—	—	—						90	90
子会社株式	1,000	—	1,000	(1,000)						—
資産合計	5,320	1,900	7,220	(1,000)	(800)	8	—	(300)	90	5,218
諸負債	(1,000)	—	(1,000)							(1,000)
買掛金	—	(800)	(800)		800					—
未払法人税等	(300)	—	(300)							(300)
資本金	(2,000)	(1,000)	(3,000)	1,000						(2,000)
利益剰余金	(2,020)	(100)	(2,120)			(8)	—	300	(90)	(1,918)
負債および純資産合計	(5,320)	(1,900)	(7,220)	1,000	800	(8)	—	300	(90)	(5,218)
売上高	(3,200)	(800)	(4,000)				800			(3,200)
売上原価	2,000	500	2,500				(800)	100		1,800
貸倒引当金繰入	20	—	20			(3)				17
販売費及び一般管理費	180	200	380							380
法人税等	300	—	300							300
法人税等調整額	—	—	—						(30)	(30)
当期純利益	(700)	(100)	(800)		—	(3)	—	100	(30)	(733)
非支配株主に帰属する当期純利益	—	—	—							—
親会社株主に帰属する当期純利益	(700)	(100)	(800)			(3)		100	(30)	(733)
(利益剰余金)										
利益剰余金期首残高	(1,320)	—	(1,320)			(5)		200	(60)	(1,185)
親会社株主に帰属する当期純利益	(700)	(100)	(800)		—	(3)	—	100	(30)	(733)
利益剰余金期末残高	(2,020)	(100)	(2,120)			(8)		300	(90)	(1,918)

※貸方金額は（　）で示しています

6 在外子会社の連結

(1) 財務諸表の換算

在外子会社がある場合は、在外子会社の個別財務諸表は現地の報告通貨で作成されているため、これを日本円に換算する必要があります。

在外子会社の財務諸表の換算ルールは以下のとおりです。

図表7-6-1　在外子会社の財務諸表の換算ルール

財務諸表	項目	換算レート（原則）
損益計算書項目	収益・費用	平均レート[※1]
貸借対照表項目	資産・負債	期末レート
	純資産	発生日レート
	資本金	取得日レート[※2]
	資本剰余金	取得日レート[※3]または発生日レート[※4]
	利益剰余金	取得日レート[※3]または発生日レート[※5]
	評価・換算差額等	取得日レートまたは期末レート[※6]
	為替換算調整勘定[※7]	（貸借差額）

※1　ただし、親会社との取引は親会社の取引日レートで換算し、平均レートとの差額は為替差損益として処理する
※2　資本金は、親会社等が子会社株式を取得した日のレートで換算する
※3　子会社取得時の金額は取得日レートで換算し、取得後に生じた金額は発生日レートで換算する
※4　資本剰余金は前期の資本剰余金期末残高の円貨金額を当期の資本剰余金期首残高とし、これに当年度の増減額を加減算して算定した資本剰余金期末残高とする
※5　利益剰余金は前期の利益剰余金期末残高の円貨金額を当期の利益剰余金期首残高とし、これに当期純利益や配当金を加減算して算定した利益剰余金期末残高とする
※6　評価・換算差額等は子会社取得時の金額は取得日レートで換算し、取得後に生じた金額は期末レートで換算する
※7　円換算後の貸借対照表の貸借差額は「為替換算調整勘定」（その他包括利益累計額）で調整する

設例 7-6-1　在外子会社の個別財務諸表の換算

親会社は当期首に1,000円（外貨10, 100％）を出資して子会社を設立した。
当期末の子会社の貸借対照表は以下のとおりであった。

貸借対照表（外貨）

諸資産	100	諸負債	80
		資本金	10
		利益剰余金	10

損益計算書（外貨）

売上原価	80	売上高	100
販売費及び一般管理費	10		
当期純利益	10		

株式取得日（当期首）のレートは100円/外貨、当期の平均レートは110円/外貨、当期の期末レートは120円/外貨とする。
親会社と子会社の損益取引、債権債務はなかった。

＜在外子会社の個別財務諸表の換算＞

貸借対照表（円貨）

諸資産	※1 12,000	諸負債	※1 9,600
		資本金	※3 1,000
		利益剰余金	※2 1,100
		為替換算調整勘定	※4 300

損益計算書（円貨）

売上原価	※2 8,800	売上高	※2 11,000
販売費及び一般管理費	※2 1,100		
当期純利益	※2 1,100		

※1　期末レート（120円/外貨）で換算
※2　平均レート（110円/外貨）で換算
※3　株式取得日レート（100円/外貨）で換算
※4　貸借差額

(2) 投資と資本の消去

親会社の投資と子会社の資本は相殺消去します。在外子会社の資本勘定は親会社の株式取得日レートで換算するため、投資と資本の消去では差額は生じません。

設例 7-6-2　在外子会社に対する投資と資本の消去

設例7-6-1に基づき、株式取得時における投資と資本の消去仕訳を行いなさい。

<連結消去・修正仕訳>

・投資と資本の消去

| 資　本　金 | 1,000 | ／ | 子 会 社 株 式 | 1,000 |

(3) 非支配株主持分への按分

100％子会社ではない場合，当期純利益およびその他の包括利益のうち，親会社持分相当額以外の部分を「非支配株主持分」に按分します。在外子会社の個別財務諸表換算時に生じる「為替換算調整勘定」の当期発生額も包括利益なので，非支配株主持分へ按分する仕訳が必要となります。

設例 7－6－3　非支配株主持分への按分

親会社は当期首に900円（外貨9，90％）を出資して子会社を設立した。
当期末の子会社の貸借対照表は以下のとおりであった。

貸借対照表（外貨）

諸資産	100	諸負債	80
		資本金	10
		利益剰余金	10

損益計算書（外貨）

売上原価	80	売上高	100
販売費及び一般管理費	10		
当期純利益	10		

株式取得日（当期首）のレートは100円/外貨，当期の平均レートは110円/外貨，当期の期末レートは120円/外貨とする。
親会社と子会社の損益取引，債権債務はなかった。

<在外子会社の個別財務諸表の換算>

貸借対照表（円貨）

諸資産	12,000	諸負債	9,600
		資本金	1,000
		利益剰余金	1,100
		為替換算調整勘定	300

損益計算書（円貨）

売上原価	8,800	売上高	11,000
販売費及び一般管理費	1,100		
当期純利益	1,100		

<連結消去・修正仕訳>

・投資と資本の消去

資本金	1,000	子会社株式	900
		非支配株主持分	※100

※　1,000×10％＝100

・当期純利益の非支配株主持分への按分

非支配株主に帰属する当期純利益	110	非支配株主持分	110

※　子会社の当期純利益1,100×10％＝110

・為替換算調整勘定の非支配株主持分への按分

為替換算調整勘定	30	非支配株主持分	30

※　子会社の為替換算調整勘定の当期増加300×10％＝30

図表7-6-2　連結精算表イメージ

科目	親会社	子会社	単純合算	投資と資本の消去	当期純利益の按分	その他の包括利益の按分	連結財務諸表
諸資産	23,100	12,000	35,100				35,100
子会社株式	900	−	900	(900)			−
資産合計	24,000	12,000	36,000	(900)			35,100
諸負債	(9,000)	(9,600)	(18,600)				(18,600)
資本金	(10,000)	(1,000)	(11,000)	1,000			(10,000)
利益剰余金	(5,000)	(1,100)	(6,100)		110		(5,990)
為替換算調整勘定	−	(300)	(300)			30	(270)
非支配株主持分	−	−	−	(100)	(110)	(30)	(240)
負債および純資産合計	(24,000)	(12,000)	(36,000)	900			(35,100)
売上高	(25,000)	(11,000)	(36,000)				(36,000)
売上原価	15,000	8,800	23,800				23,800
販売費および一般管理費	7,500	1,100	8,600				8,600
当期純利益	(2,500)	(1,100)	(3,600)				(3,600)
非支配株主に帰属する当期純利益	−	−	−		110		110
親会社株主に帰属する当期純利益	(2,500)	(1,100)	(3,600)		110		(3,490)

（利益剰余金）

科目	親会社	子会社	単純合算	投資と資本の消去	当期純利益の按分	その他の包括利益の按分	連結財務諸表
利益剰余金期首残高	(2,500)	−	(2,500)				(2,500)
親会社株主に帰属する当期純利益	(2,500)	(1,100)	(3,600)		110		(3,490)
利益剰余金期末残高	(5,000)	(1,100)	(6,100)		110		(5,990)

（為替換算調整勘定）

科目	親会社	子会社	単純合算	投資と資本の消去	当期純利益の按分	その他の包括利益の按分	連結財務諸表
為替換算調整勘定期首残高	−	−	−				−
為替換算調整勘定当期増加	−	(300)	(300)			30	(270)
為替換算調整勘定期末残高	−	(300)	(300)			30	(270)

※貸方金額は（　）で示しています

(4) のれんの償却・換算

株式取得により子会社となった場合，投資と資本の消去によって生じた借方差額はのれん（貸方差額は負ののれん）として計上します。

在外子会社の場合は，のれんを外貨で把握し，当期の外貨償却高は原則として平均レート（損益計算書と同じレート）で換算し，期末ののれん残高は期末レートで換算します。期末ののれん残高の換算の際の相手科目は「為替換算調整勘定」で処理します。

設例 7 - 6 - 4　外貨建のれんの処理

親会社は当期首に在外子会社の発行済株式90％を1,600（外貨16）で取得した。
支配獲得時（当期首）の在外子会社の資本（外貨）は，資本金 5 および利益剰余金 5 であった。
当期末の子会社の貸借対照表は以下のとおりであった。

貸借対照表（外貨）

諸資産	100	諸負債	80
		資本金	5
		利益剰余金	15

損益計算書（外貨）

売上原価	80	売上高	100
販売費及び一般管理費	10		
当期純利益	10		

株式取得日（当期首）のレートは100円/外貨，当期の平均レートは110円/外貨，当期の期末レートは120円/外貨とする。
親会社と子会社の損益取引，債権債務はなかった。
また，のれんは発生後 7 年間で定額法により償却する。
当期の連結消去・修正仕訳を示しなさい。

＜在外子会社の個別財務諸表の換算＞

貸借対照表（円貨）

諸資産	12,000	諸負債	9,600
		資本金	500
		利益剰余金	1,600
		為替換算調整勘定	300

損益計算書（円貨）

売上原価	8,800	売上高	11,000
販売費及び一般管理費	1,100		
当期純利益	1,100		

＜連結消去・修正仕訳＞

・投資と資本の消去

資　本　金	500	子会社株式	1,600
利 益 剰 余 金	500	非支配株主持分	[※1]100
の　れ　ん	[※2]700		

※1　$(500+500)\times 10\% = 100$
※2　$1,600-(500+500)\times 90\% = 700$
　　　なお，外貨は7（$=16-(5+5)\times 90\%$）

・当期純利益の非支配株主持分への按分

| 非支配株主に帰属する当期純利益 | 110 | 非支配株主持分 | 110 |

※　子会社の当期純利益$1,100\times 10\% = 110$

・為替換算調整勘定の非支配株主持分への按分

| 為替換算調整勘定 | 30 | 非支配株主持分 | 30 |

※　子会社の為替換算調整勘定の当期増加$300\times 10\% = 30$

・のれんの償却

| のれん償却 | 110 | の　れ　ん | 110 |

※　外貨$7\div 7$年$=1$　外貨1×110円/外貨（平均レート）$=110$

・のれんの換算

| の　れ　ん | 130 | 為替換算調整勘定 | 130 |

※　（外貨7－外貨1）$=6$（のれん外貨期末残高）
　　6×120円/外貨（期末レート）$=720$（のれん円貨期末残高）…①
　　700（のれん円貨発生額）－110（のれん当期償却額）$=590$…②
　　①－②$=720-590=130$

図表7-6-3　投資と資本の消去，当期純利益の按分，為替換算調整勘定の按分

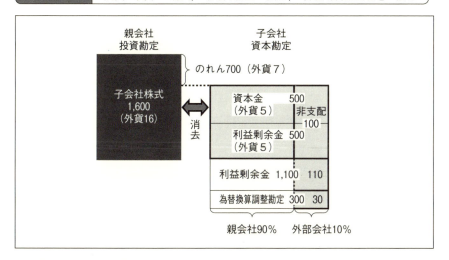

図表7-6-4　外貨建のれん

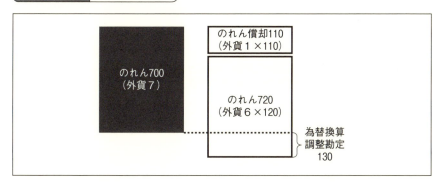

[著者紹介]

飯塚　幸子（いいづか　さちこ）

公認会計士
株式会社ラウレア　代表取締役
株式会社アガットコンサルティング　パートナー
女性労働協会認定講師

1969年，横浜生まれ。
立教大学理学部卒業後，大手化学メーカーに就職。一念発起して公認会計士を目指し1年で退社。
1994年，公認会計士試験2次試験合格後，大手監査法人にて監査に従事するかたわら，大原簿記学校会計士講座の簿記講師として勤務。
2000年，連結会計システム「DivaSystem」の製造元である株式会社ディーバに入社，初期メンバーとして活躍。のべ300社以上の上場会社の連結決算システム導入に従事。
2012年，株式会社ラウレアを設立。同時に株式会社アガットコンサルティングに参画。連結決算業務改善，連結決算オンサイト支援を行うかたわら，数多くのセミナーもこなす。数少ない独立系連結決算支援コンサルタントとして活躍中。
著書に『連結会計の基本と実務がわかる本』『連結決算の業務マニュアル』（以上，中央経済社），『初めて学ぶ連結会計の基礎』（税務研究会）などがある。

図解＆設例
連結管理会計の導入マニュアル

2019年2月1日　第1版第1刷発行

著　者　　飯　塚　幸　子
発行者　　山　本　　　継
発行所　　㈱中央経済社
発売元　　㈱中央経済グループ
　　　　　パブリッシング

〒101-0051　東京都千代田区神田神保町1-31-2
電話　03 (3293) 3371 (編集代表)
　　　03 (3293) 3381 (営業代表)
https://www.chuokeizai.co.jp/
印刷／昭和情報プロセス㈱
製本／誠　製　本　㈱

©2019
Printed in Japan

＊頁の「欠落」や「順序違い」などがありましたらお取り替えいたしますので発売元までご送付ください。（送料小社負担）

ISBN978-4-502-28711-4　C3034

JCOPY〈出版者著作権管理機構委託出版物〉本書を無断で複写複製（コピー）することは，著作権法上の例外を除き，禁じられています。本書をコピーされる場合は事前に出版者著作権管理機構（JCOPY）の許諾を受けてください。
JCOPY〈https://www.jcopy.or.jp　eメール：info@jcopy.or.jp　電話：03-3513-6969〉